세일즈
리허설의
모든 것

세일즈 리허설의 모든 것
진짜 실력을 만드는 영업의 기본

1판 1쇄 발행 2025년 6월 20일

지은이 지윤정
편집 김지수 **디자인** 스튜디오 키 **교정교열** 송지영
인쇄 미래피앤피 **용지** 월드페이퍼

펴낸이 김지수
펴낸곳 리파인드
출판등록 제2023-000001호
주소 서울시 중구 세종대로 72 대영빌딩 907호
전화 070-8094-0214 **팩스** 02-2179-8327

ISBN 979-11-988703-5-3 13320

- 이 책은 저작권법에 의해 보호받는 저작물이므로 무단 전재와 무단 복제를 금합니다.
- 잘못된 책은 구입처에서 교환해드립니다.
- 책값은 뒤표지에 있습니다.

수많은 현장에서 성과로 증명한 리허설 공식!
현실감 넘치는 실전 사례와 스크립트 예문 제공

진짜 실력을 만드는 영업의 기본

세일즈 리허설의 모든 것

지윤정 지음

리파인드

머리말

영업은 어렵다. 이 단순한 진실을 인정하는 것에서부터 제대로 된 준비가 시작된다. 많은 영업 사원이 자신감과 상품 지식만으로 충분할 거라 믿지만, 막상 고객 앞에 서면 예상치 못한 반응에 말문이 막히고 만다. 그러고는 "내 적성엔 안 맞나 봐" 하며 스스로 포기해버린다.

영업은 직업job이 아니라 수행performance이다. 고객이 원래 생각하지 않았던 선택을 하고, 계획하지 않았던 결정을 내리게 만들어야 한다. 무수한 대안 중에서 지금 여기, 당신을 선택하게 해야 한다. 그 과정에는 고객이 가질 수 있었던 다른 기회를 포기하도록 설득하는 일도 포함된다. 말하자면 영업은 한 발 내디딜 때마다 흔들리는 외줄타기이자 예측 불가능한 심리전이며, 치열한 예술 활동이다. 경험이 쌓였다는 이유만으로 성공을 속단하기에 영업은 이토록 복잡하고 어려운 일이다.

축구 선수의 실력은 경기장에서 오래 뛰는 것만으로 늘지 않고, 배우의 연기력은 무대에 오른 경험만으로 향상되지 않는다. 경기장과 무대가 그냥 주어지는 것도 아니다. 반복된 연습과 리허설이 실력을 만든다. 영업도 마찬가지다. 실전에서 완벽한 퍼포먼스를 원한다면 리허설을 통해 치밀하게 준비해야 한다.

걱정과 준비는 다르다. 걱정하는 것을 준비라고 믿는 사람이 있다. 하지만 걱정은 머릿속을 맴돌며 에너지를 소모할 뿐 실제로 아무것도 바꾸지 못한다. 반면에 준비는 구체적이며 행동으로 이어진다. "잘할 수 있을까?"라는 질문은 의심이자 걱정이지만, "잘하기 위해 무엇을 해야 할까?"라는 질문은 준비다. 걱정은 불안의 늪에 빠지게 하지만, 준비는 자신감을 쌓는 디딤돌이 된다.

그렇다면 무엇을 어떻게 준비해야 할까? 원리를 이해하지 못한 채 외우기만 한 말은 상황이 바뀌면 무력해진다. 고객은 감정을 가진 인간이며, 이런 존재를 대하는 영업 상담은 살아 움직이는 생명체와 같다. 스크립트를 무작정 외워도 고객이 예상과 다르게 반응하면 머릿속이 하얘진다.

세일즈 리허설은 단순한 기술 연습이 아니다. 고객의 마음을 예상하고 진짜 대화를 경험하는 과정이다. 무슨 말을 할지 구상하고 실험하며, 고객에게 자신이 어떻게 보이는지 모니터링할 수 있다.

세일즈 리허설은 내면을 직면하는 시간이기도 하다. 겉으로 드러난 행동에는 내면에 품은 마음이 반영된다. 상담 중에 무의식적으로 반복하는 말의 패턴, 고객의 거절에 순간적으로 반응하는 모습을 객관화하다 보면 마음 속에 있는 저항과 두려움, 불안과 회피를 발견할 수 있다. 자기도 모르는 사이에 자리 잡은 부정의 마음을 치우지 않으면 고객의 말을 있는 그대로 받아들이지 못한다. 세일즈 리허설은 자신을 객관적으로 돌아보고 치울 것과 더할 것을 구분하게 한다.

남의 눈 속 티끌은 보여도 제 눈의 들보는 보이지 않기 마련이다. 남의 단점은 기가 막히게 잘 보지만, 정작 자신의 실수와 맹점은 간과하기 쉽다. 영업 사원은 자신을 과대평가하거나, 반대로 쓸데없는 부분에 매몰해 자신을 과소평가하기도 한다. 문제의 본질을 보지 못한 채 '이 정도면 괜찮겠지'라고 막연하게 기대하거나, '난 아직 준비가 덜 되었어'라며 과하게 기가 죽는다. 이제는 착각에서 벗어나야 한다. 세일즈 리허설을 통해 자신의 말버릇, 반응 패턴, 거절에 반응하는 태도를 객관적으로 살펴봐야 한다.

이 책을 쓰기 전에 영업 전문가들에게 세일즈 리허설의 필요성에 관해 물었다. "필요하긴 한데 영업 사원들이 싫어해요", "롤플레잉 한 번 하면 문제점이 확 보이지만 다들 부담스러워하죠", "솔직히 요즘은 신입들도 리허설을 안 하려고 해요" 등 의외의 반응이 돌아왔다.

그래서 이 책을 쓰기로 했다. 필요해도 하지 않으려 한다면 그건 방법이 잘못되었기 때문이다. 세일즈 리허설 자체가 문제라기보다 활용법과 접근 방식이 매력적이지 않았던 탓이다.

불교 경전에 '달을 가리키는 손가락'이라는 비유가 있다. 손가락이 달을 가리키고 있을 때 손가락을 보지 말고, 달을 보라는 말이다. 영업도 마찬가지다. 세일즈 리허설을 위한 세일즈 리허설은 필요 없다. 세일즈 리허설 자체를 잘하는 것이 목표가 아니다. 리허설을 통해 영업 전략을 재구성하고 스스로를 점검하며 부족한 부분을 채워나가는 것이 목표다.

 이 책은 실무자들에게 세일즈 리허설이 왜 중요한지, 이를 통해 자신의 영업 실력을 어떻게 끌어올릴 수 있는지를 탐구하는 계기가 될 것이다. 리더들에게는 팀원들과 효과적으로 세일즈 리허설을 진행하고, 그들을 코칭할 방법을 제시할 것이다.

 다시 말하지만 영업은 어렵다. 그렇기에 우리는 더 치밀하게 준비해야 한다. 막연한 걱정이 아닌 구체적인 행동을 디자인하는 데 세일즈 리허설을 활용하자. 미처 모르고 있었던 당신만의 지혜와 지략이 샘솟을 것이다.

지윤정

머리말 · 4

PART 1 리허설 없이 세일즈가 가능할까

01 시장은 변했다 · 14
02 현장 영업 교육의 오류 · 19
03 현장 영업 교육의 한계 · 25
04 세일즈 리허설, 제대로 알자 · 31

PART 2 제대로 된 리허설이 성공을 만든다
: 세일즈 리허설의 기본

01 모든 분야에는 리허설이 있다 · 42
02 세일즈 리허설 진행 순서 · 44
03 세일즈 리허설의 운영 방식과 주요 돌발 상황 · 63
● 리허설 코치의 실수 방지 체크 리스트 · 73

PART 3 목표를 설정하라
: 세일즈 리허설 성공 법칙 1

01 목적지를 알고 출발하자 · 76
02 어떤 목표에 도달할 것인가 · 78
03 어떤 관계를 설정할 것인가 · 85
04 어떤 행동을 교정할 것인가 · 93

행동을 디자인하라
: 세일즈 리허설 성공 법칙 2

01 철저히 설계해야 한다 · 106
02 고객 시나리오 · 109
- 고객 시나리오 예제 · 115
- 고객 시나리오 체크 리스트 · 123

03 기본 스크립트 · 124
04 기본 스크립트 작성 순서 · 131
- 고객 친화형 스크립트 작성 포인트 · 147

05 사례로 보는 스크립트 작성 요령 · 150
06 거절 극복 스크립트 · 165
07 거절 극복 스크립트 작성 순서 · 171
08 사례로 보는 거절 극복 스크립트 작성 요령 · 174
- 단계별 예상 거절 유형 · 191
- B2C, B2B, B2G 영업에서의 거절 유형 · 196

09 스크립트를 두 배로 활용하는 방법 · 199

PART 5 몰입을 리허설하라
: 세일즈 리허설 성공 법칙 3

01 몰입을 위한 7가지 포인트 · 204
02 고객 감정을 읽는다: 간파하기 · 206
03 고객 관심사와 연결 짓는다: 브리지 놓기 · 211
04 타이밍을 포착한다: 리듬 타기 · 216
05 자연스럽게 유도한다: 리드하기 · 221
● 고객 반응 테스트 · 226
06 흐름에 맞춰 순환한다: 순환하기 · 229
07 플랜 A, B, C를 실험한다: 실험하기 · 234
08 평정심을 갖는다: 중심 잡기 · 240
● 중심을 잡고 신뢰 쌓기 · 248

PART 6 실제를 돌아보라
: 세일즈 리허설 성공 법칙 4

01 나아가기 위해서는 돌아보아야 한다 · 254
02 대화의 흐름 돌아보기 · 257
03 피드백 주고받기 · 260
04 내면 돌아보기 · 274
- 자기 성찰 질문지 · 277
- 내면 관찰 체크 리스트 · 278

05 다시 하기 · 279
- 다시 하기 액션 아이템 · 281

PART 7 세일즈 리허설의 가치

01 보이지 않는 감각을 깨운다 · 288
02 기술을 넘어 태도를 만든다 · 295
03 리허설 루틴이 조직을 바꾼다 · 306

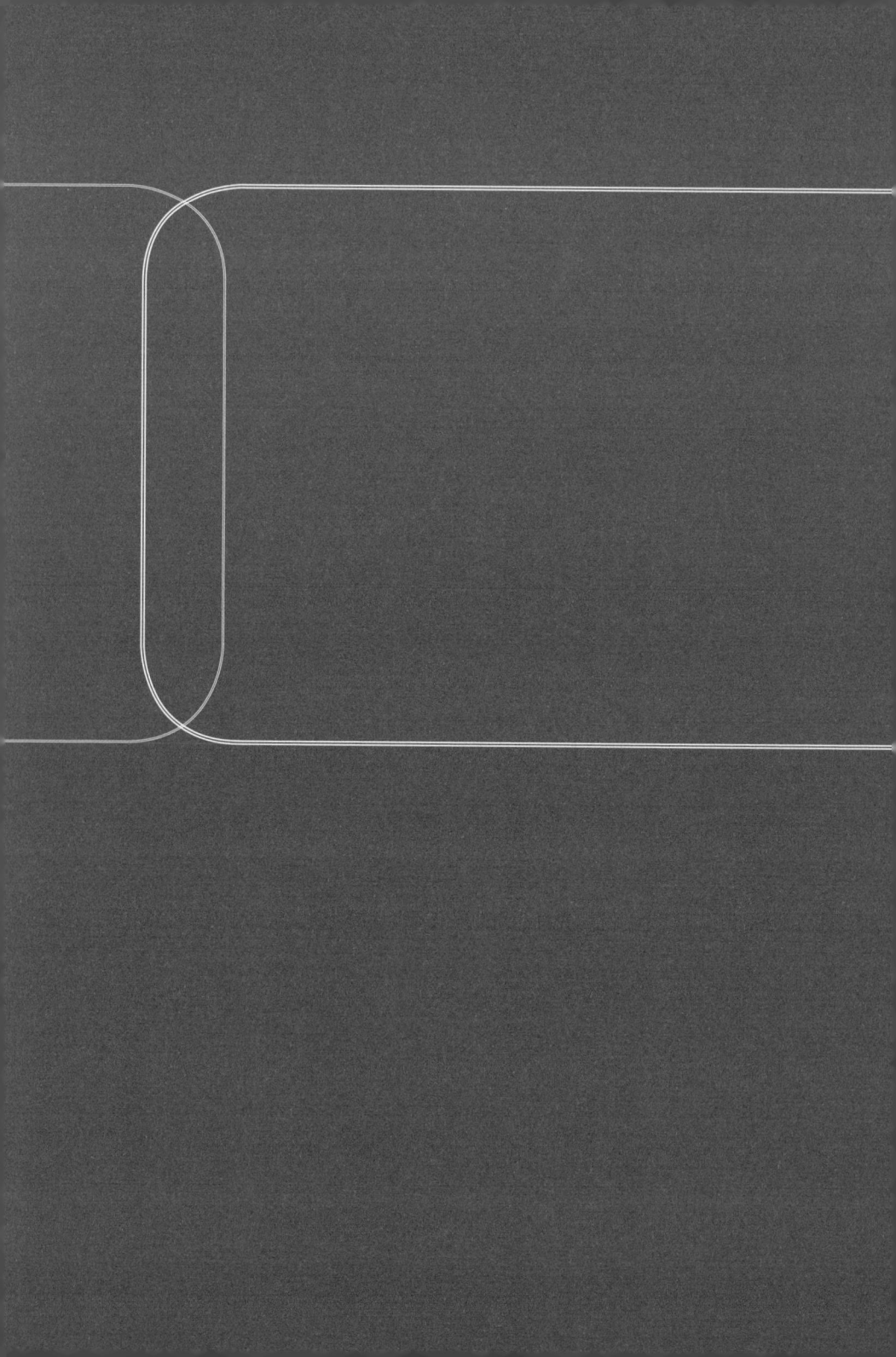

PART 1

리허설 없이 세일즈가 가능할까

시장은 변했다

데이터 영업의 시대

'관계가 쌓이면 영업은 자연스레 성사되는 것'이라는 생각이 통하던 때가 있었다. 하지만 이제 지인 연고 영업은 쉽지 않다. 아는 사이가 더 무섭다. 더 조심스럽고 부담스럽다. 이미 다른 선택지가 넘쳐나기 때문에 아는 사이라는 이유로 제안을 하는 것이 민폐가 될 수 있다. 발신 번호를 확인하고 전화를 받지 않을 수 있으며, 메시지를 받았지만 안 본 것처럼 설정할 수도 있는 세상이다.

오늘날의 영업은 데이터를 기반으로, 치밀하게 설계된 전략 위에서 움직여야 한다. 지인 연고 영업이 핵심이 아니라 타깃 고객을 찾아내 전략을 갖고 제안해야 한다. 요즘은 회사가 '상담을 원하는 고객'을 찾고 '퍼미션상담 동의'을 받아 고객 데이터를 선별해주기도 한다. 이러한 고객 데이터에는 많은 시간과 비용이 투자되어 있다. 단순한 명단이 아니라 광산에서 캐낸 원석과도 같다. 하지만 원석을 보석으로 다듬는 것은 오로지 영업 사원의 손에 달려 있다. 지인 연고 영업 때처럼 신뢰 관계로 판매가 일어나는 게 아니기 때문에 영업 사원의 상담과 제안 능력이 매우 중요하다. 몰래 영업 상담 과정을 촬영할 수도 없는 노릇이고, 고객에게 노골적으로 물어볼 수도 없다. 회사는 그저 "고객이 아직 준비되지 않았어요", "퍼미션이 충분하지 않아요", "이상한 데이터를 주셨네요"라는 영업 사원의 말을 믿을 수밖에 없다.

개척 영업, 즉 전혀 모르는 고객과의 상담은 더욱 치밀한 전략이 필요하다. 어색함을 극복하고 신뢰를 쌓는 대화법, 고객의 니즈를 빠르게 포착하는 질문법, 거절에도 흔들리지 않는 정신력까지 모든 것을 세세하게 준비해야 한다. 이해하고 넘어가 주는 지인이 아니고, 그러려니 눈감아주는 연고가 아니기 때문이다.

다시 말하지만 이제 영업은 '인맥 경쟁'이 아니라 '데이터'와 '전략'의 싸움이다. 단순한 상품 설명을 넘어 고객의 필요와 상황을 분석하고 맞춤형 솔루션을 제안하는 '솔루션형 영업', 고객이 진짜 원하는 것을 찾아 해결해주는 '컨설팅형 영업'이 필수다. 돈보다 시간이 더 소중해진 요즘 소비자들은 준비되지 않은 사람에게 10분도 쓰고 싶어 하지 않는다. 무조건 만나고 보는 영업 사원의 연습용 고객은 더 이상 없다.

까다로워진 고객

요즘은 수많은 정보를 다양한 매체에서 얻을 수 있어 그 어느 때보다 선택의 폭이 넓다. 그래서 요즘 고객은 전보다 훨씬 신중하고 까다롭다. 정보가 많은 만큼 의심도 많고 비교도 많이 한다. 단순한 설명만으로는 만족하지 않는다. 정교하고 세심한 맞춤형 상담을 필요한 때 원하는 방식으로 해주기를 기대한다. 이 과정에서 어느 하나 삐끗하면 눈 깜짝할 사이에 다른 담당자와 약속을 잡아버린다. 인내심이 많지 않고, 단호하기 때문에 자신의 시간을 투자할 만한 전문성이 느껴지지 않으면 말없이 피해버리기도 한다. 잠시 머뭇거리거나 버벅거리는 순간, 고객은 시간을 낭비하고 있다고 느끼며 대화를 피할 가능성이 높다.

또한 요즘 고객은 지식을 전달하는 영업 사원이 아니라 지혜를 나눌 전문가를 원한다. 그들은 뻔한 대사, 익숙한 접근 방식, 차별성 없는 영업 멘트에 감흥을 받지 않으며, 확실한 가치를 제공하는 신선한 실력자를 필요로 한다.

빼 오기보다 키워야 할 때

한때 기업들은 능력 있는 영업 사원을 경쟁사에서 스카우트하는 데 혈

안이 되어 있었다. 신입을 직접 교육하는 것보다 어느 정도 훈련된 경력자를 데려오는 것이 훨씬 빠르고 효율적인 방법이었다. 하지만 시장이 포화 상태가 된 요즘은 그마저도 쉽지 않다. 뺏고 뺏기는 관계 속에서 서로 제 살을 깎아 먹고 있다. 돈으로 데려온 인재는 결국 더 많은 돈을 주는 곳에 빼앗긴다. 이런 생리를 알아서인지 진정한 실력자는 단편적인 조건에 쉽게 움직이지 않는다. 기껏 스카우트한 경력자는 이 회사 저 회사 떠도는 뜨내기인 경우가 많다. 아니면 어딜 가나 불평만 늘어놓는 저성과자들뿐이다.

이제 기업은 인재를 빼 오는 것을 넘어 키워야 한다. 자사만의 전통과 핵심 가치를 행동으로 전환할 수 있도록 차근차근 훈련해야 한다. 경력자를 빼 오는 예산의 3분의 1 정도는 신입을 육성하는 데 써야 한다.

방치할 수 없다

영업 현장에서는 "사람은 고쳐 쓰는 게 아니다"라는 말이 불문율로 통한다. 감각도 없고 배울 의지도 없는 사람은 아무리 훈련해도 한계가 있다는 것이다. 그런 사람이 퇴사를 결심하지 못 하고 계속 버티면 조직에 부정적인 영향을 미친다. 이는 썩은 사과 하나가 상자 속 모든 사과를 썩게 하는 '썩은 사과의 법칙'과 같다. 근태가 불량하고, 활동량도 떨어지며, 실적이 나오지 않는 구성원을 방치하는 것은 다른 구성원들에게 그런 행동을 해도 된다고 훈련하는 것과 같다. 아주 치명적이다.

자는 사람은 깨울 수 있지만, 자는 척하는 사람은 절대 깨울 수 없다. 영업 조직은 뭉개고 있어도 되는 곳이 아니다. 성과가 나오도록 돕는 조직, 성과가 나오지 않으면 버티기 어려운 조직으로 만들어야 한다. 이를 위해 필요한 것이 바로 세일즈 리허설이다. 세일즈 리허설은 실전에서 좋은 성과를 내도록 돕는 것이기도 하지만, 영업이 맞지 않는 사람들에게 현실을 직면하게 하는 과정이기도 하다.

chapter 02

현장 영업 교육의 오류

오류 1. 세일즈는 마인드가 생명이다

세일즈는 '근성을 갖고 경험을 쌓다 보면 감을 잡는 일'이라는 통념이 있다. 그래서인지 세일즈 교육은 대개 '마인드 교육'이다. "열정을 가져라, 치열하게 임하라, 고객을 사랑하라." 이런 주제는 영업 사원들이 매번 듣는 얘기다. 하지만 자신은 이미 갖췄다고 생각하기 때문에 한 귀로 듣고 한 귀로 흘린다.

실적이 나지 않는 이유는 자신의 문제가 아니라 상품의 경쟁력이나 고객의 문제라고 생각한다. 자신이 무엇이 부족한지 모른 채 교육을 받다 보니 그저 머릿수만 채운다.

마인드는 추상적이다. 마인드가 행동과 연계되지 않으면 결국 허무한 슬로건으로 끝나고 만다. "고객을 감동하게 하라, 포기하지 마라" 같은 말은 듣기에는 멋있지만, 내일 당장 고객을 만나 어떤 말을 해야 할지 알려주지 않는다.

눈에 보이는 구체적인 행동과 그 행동이 마인드를 어떻게 구현하는지를 교육해야 한다. "나는 무엇이 부족한가?", "고객이 내 설명을 이해하지 못하는 이유는 무엇인가?", "고객이 반응하지 않는 이유는 나의 태도 때문인가, 상품 설명 방식 때문인가?" 이런 질문을 스스로 던질 수 있어야 한다. 마인드가 생명이 아니라 마인드가 드러나는 행동이 생명이다.

오류 2. 교육해도 바뀌지 않는다

영업 사원을 교육할 때 부정적인 피드백을 하면 상대가 기분 나빠하거나 자신감이 떨어질까 조심스러울 때가 있다. 피드백을 통해 영업 스타일을 바꾸기는 쉽지 않고, 본인 스스로 옳은 방법을 찾아가도록 기다려주는 것이 최선이라 믿기도 한다. 하지만 이런 기다림은 고객에게도, 영업 사원에게도 무책임한 방치가 될 수 있다. 연습 상대가 되는 고객은 무슨 죄이며, 영업 사원이 치러야 할 낭패감은 어쩔 것인가?

영업은 타고난 재능이 아니다. 다양한 성공 체험을 반복하며 올바른 습관을 만들어가는 과정에서 영업은 고도화된다. 축구 선수 메시도 처음부터 완벽한 선수가 아니었다. 그는 유소년 시절 수없이 슈팅을 연습했고 전술을 익혔으며 경기 중 빠른 판단력을 기르기 위해 데이터를 분석했다. 재능만 있고 훈련과 피드백이 없었다면 세계적인 선수로 성장할 수 없었을 것이다. 영업도 체계적인 훈련을 통해 대화 기술, 고객 심리 이해, 협상력, 맞춤형 전략을 실험하고 반추하는 과정이 필요하다. 디즈니와 애플은 철저한 시뮬레이션과 역할 연습을 통해 영업 사원들의 고객 상담 능력과 영업 역량을 발전시켰다. 변화하지 않는 사람은 없다. 변화를 끌어낼 올바른 방법과 환경이 필요할 뿐이다.

오류 3. 구매 결정은 고객의 마음과 상품 경쟁력에 달렸다

"내가 아무리 잘해도 고객이 돈이 없으면 못 산다."

"상품 경쟁력이 없는데, 내가 어떻게 팔겠나?"

영업 현장에서 흔히 들을 수 있는 체념 섞인 불만이다. 많은 영업 사원이 판매 성과가 부진할 때, 그 원인을 고객의 재정 상황이나 상품 경쟁력 부족 탓으로 돌리는 경향이 있다. 얼핏 합리적인 이유처럼 들리기도 한다. 하지만 과연 그럴까? 영업 사원은 '팔 수 없는 환경'에서 아무것도 할 수 없는 존재인가?

오히려 이런 고정관념이 영업 사원의 능력을 스스로 제한하는 함정이 될 수 있다. 실제로 고객이 예상외의 구매 결정을 내리는 사례는 셀 수 없이 많다. 영업 사원의 매력적인 태도, 기량, 고객과의 '케미'처럼 영업 과정에서의 정교한 상호작용이 '사고 싶지 않았던 고객'마저도 움직이게 한다.

한 고객이 명품 가방을 보고 망설인다. "너무 비싸서 살 수 없어요." 하지만 매장 직원이 "이 가방은 한정판이라 내년에는 구할 수 없습니다. 투자 가치가 충분해요. 무엇보다 고객님 스타일과 정말 잘 어울리고요"라고 설득한다. 갑자기 본인의 예산을 다시 검토하기 시작한 고객은 결국 할부까지 감수하고 구매를 결정한다. 고객이 처음부터 돈이 많아서 가방을 산 것이 아니다. 직원이 고객의 '구매 우선순위'를 바꾸면서, 소비를 정당화할 수 있는 이유를 제공했다. 고객의 예산이 아니라, 고객이 예산을 가방에 쓰고 싶게 만든 직원이 구매를 도운 것이다. 직원의 노련함이 고객을 움직였다. 물 흐르듯 자연스러운 제안 능력은 머리로 배우는 게 아니라 세일즈 리허설을 통해 축적된다.

오류 4. 실전 경험이 최고다

"영업에는 왕도가 없다, 각자 터득하고 감을 잡는 수밖에 없다"라는 불문율이 있다. 물론 영업에는 정형화된 정답이 없다. 하지만 그렇다고 해서 경험이 쌓일 때까지 당신을 기다려줄 고객은 없다. 고객을 연습 상대로 대하면 안 된다.

경험이 반드시 배움을 보장하지도 않는다. 실전 경험을 하고 나서도 배우지 못할 수 있다. 반복된 실수도 성찰이 없으면 그대로 반복될 뿐 배움으로 전환되지 못한다. "경험이 최고의 스승"이라는 믿음은 반만 맞고 반은 틀렸다.

반면 심리학자 앨버트 밴듀라Albert Bandura의 사회 학습 이론Social Learning Theory에 따르면 사람들은 타인의 행동을 관찰하고 모방하면서 더 빠르고 효과적으로 학습할 수 있다고 한다. 그는 실험을 통해 모델교사 또는 선배의 행동을 보고 배우는 그룹이 직접 시행착오를 겪으며 학습하는 그룹보다 훨씬 더 빠르고 정확하게 기술을 익힌다는 점을 입증했다. 세일즈 리허설에서 고객이나 관찰자가 되어보는 과정은 실전 경험 못지않게 효과적일 수 있다.

오류 5. 실전에서는 잘한다

세일즈 리허설을 진행하다 보면 "실제에선 이렇게 하지 않아요, 원래 잘하는데 긴장해서 잘 안되네요"와 같은 말을 하는 사람이 많다. 연습이 실전보다 어색하고 부끄러울 수 있다. 가상의 상대와 동료들이 지켜보는 가운데 공개적으로 연습하는 것이 부담스럽고 자신의 부족한 부분이 드러날까 두렵기도 하다.

세일즈 리허설을 하는 사람은 '내가 잘하고 있는 걸까?', '이렇게 하면 우스워 보이지 않을까?'라는 생각이 머릿속에 맴돌아 집중력을 잃기도 한다. 그래서 리허설이 오히려 실전보다 못할 수도 있다.

하지만 습관은 어디서든 드러난다. 리허설을 통해 자신의 말투, 태도, 화법에 어떤 고정된 패턴이 있는지 관찰할 수 있다. 이런 습관을 빨리 알아차려 방향을 틀지 않으면 점점 고정화된다. 고쳐야겠다고 생각해도 실전에서는 익숙한 습관이 그대로 튀어나오게 마련이다. 리허설을 통해 새로운 행동을 의도적으로 연습해야 실전에서 자연스럽게 개선된 행동이 나올 수 있다.

chapter
03

현장 영업 교육의 한계

한계 1. 시간을 투자할 가치를 느끼지 못한다

시간이 없는 게 아니라 투자할 가치가 없는 거다. 리허설을 싫어하는 게 아니라 소용없는 리허설을 싫어하는 것이다. 세일즈 리허설로 충분한 깨달음과 변화를 경험했다면 아무리 바빠도 할 것이다. 영업은 자신의 기량과 수입이 직결되기 때문에 가치 있는 시간이라면 다른 분야의 실무자들보다 오히려 교육 흡수력이 높다.

세일즈 리허설을 피한 이유는 하기 싫어서가 아니라 그간의 경험이 기량을 높이는 가치를 제공하지 못한 탓이다. 그렇다고 아이를 목욕물과 함께 버리는 오류를 범하면 안 된다. 싫어한다고 안 할 일이 아니라 어떻게 하면 좋아할까를 고민할 일이다.

세일즈 리허설을 하지 않는다는 것은 어렵게 수집한 고객 데이터를 날려버리고 자신의 나쁜 습관을 방치하겠다는 다짐과 같다. 온라인 신발 쇼핑몰 자포스Zappos는 영업 사원들이 고객과의 상담 경험을 축적하고 학습할 수 있도록 매일 철저한 세일즈 리허설을 실시한다. 정착시키는 데 시간과 노력이 들었지만 포기하지 않았다. 당장 매출과 직결되지는 않았지만, 장기적으로는 고객 만족도가 향상되었고 상담 시간은 단축되었으며 종국에는 매출 증가로 이어졌다고 한다.

한계 2. 일방적으로 교육한다

현장에서 흔히 볼 수 있는 영업 교육은 상품 지식 교육, 계약서 작성법 등 개념과 지식 위주의 교육을 사내 강사가 진행한 다음, 선배들의 성공 경험담을 '특강' 형태로 배치한다. 이는 영업 사원 입장의 교육이 아닌 일방적인 주입식 교육이다. 영업 사원은 교육받은 내용을 스스로 통합하고 자신에 맞게 응용해야 한다. 마치 강의로 자동차 운전을 배우는 것과 같다. 교재로 도로 법규를 익히고, 운전한 사람의 경험을 들었다고 해서 운전을 할 수는 없는 노릇이다.

심리학에서는 단순히 정보를 듣는 것만으로는 새로운 기술을 습득할 수 없다고 말한다. 미국의 철학자이자 교육학자인 존 듀이John Dewey는 '맥락 학습Contextual Learning' 이론을 통해 지식은 실전과 연결되어야 효과적으로 흡수된다는 점을 강조했다. 상품 설명을 고객과의 대화에 어떻게 자연스럽게 녹여낼지, 마인드와 태도는 어떤 행동으로 드러나는지를 함께 다루고 실제로 적용해봐야 한다. 학습은 누군가의 성공담을 들어서가 아니라 자신에게서 무엇이 부족한지를 발견하면서 시작된다.

한계 3. 대상을 잘못 선정한다

"자, 신입이 나와서 한번 해보세요."

이렇게 시작하는 세일즈 리허설은 참여자를 위축시킨다. 준비할 시간도 없이 무대 위에 끌려 나간 사람은 본능적으로 방어적인 태도를 보이며 자신의 실수를 최소화하려고 한다. 결국 연습이 아니라 모면의 시간이 되어버린다. 심리학에서는 이를 '사회적 위협Social Threat'이라고 부른다. 공적인 자리에서 실수하면 자신이 무능력하게 보일까 두려움을 느끼게 되고, 뇌의 학습 영역보다 생존 본능이 우선 활성화된다.

실적이 저조한 영업 사원에게 세일즈 리허설을 시키는 것 또한 위험하다. 관찰하는 동료들에게도 시간 낭비다. 준비도 부족하고 품질도 낮은 리허설을 보기에는 각자 너무 바쁘다.

세일즈 리허설은 선배나 관리자들이 영업 사원의 역량을 시험하는 자리가 아니다. 평가하는 자리가 아니라 더 나은 방안을 탐구하고 실험하는 자리다. 그러려면 대상과 타이밍을 섬세하게 고려해야 한다. 다음 영업 미팅에서 판매를 꼭 성사하고 싶은 영업 사원, 어려운 상대를 만나야 하는 영업 사원, 실패의 원인을 분석하고 개선점을 파악하고 싶은 영업 사원 등 영업 사원마다 다양한 화두가 있다. 이를 함께 연구하고 고민하는 시간이 세일즈 리허설이다. 탐구하고 성찰하기 위한 전제 조건으로는 심리적 안전감이 필수다. 하버드 비즈니스 리뷰 HBR에서 발표한 연구에 따르면, 사람들은 자신이 보호받고 있다고 느낄 때 혁신적인 사고를 하고 새로운 기술을 시도하는 경향이 강하다고 한다. 내일 만날 고객이 어려운 상대인데 효과적인 상담 전략을 위해 지혜를 모아달라고 깃발을 꽂을 수 있는 팀 분위기가 형성되어 있지 않으면 리허설은 공개 재판으로 전락한다.

한계 4. 피드백을 두루뭉술하게 한다

"신경 좀 쓰세요", "좀 더 열심히 하셔야겠어요"라는 막연한 조언은 자괴감만 가중시킨다. 제 딴에는 신경 쓰고 열심히 했기 때문이다. 우수 상담 사례우수콜를 들어보라고 하거나 스크립트를 제공하더라도 기존 방식과 무엇이 다른지, 제시한 사례에서 무엇을 배워야 하는지, 왜 실패했는지, 특히 어떤 점을 개선해야 하는지에 대한 구체적인 피드백이 없다면 제대로 활용할 수 없다. 참고 자료를 아무리 많이 준다 해도 그것이 왜 지금 필요한지 솔직한 피드백이나 구체적인 조언이 없다면 무용지물이다.

구체적인 피드백은 용기와 준비가 필요하다. 참여자들이 서로 상처를 주고받지 않으려 조심하는 분위기라면 실질적인 문제를 지적하지 않고 서로 위로하고 격려하는 형식적 시간이 된다. 또 구체적인 관찰 포인트 없이 세일즈 리허설을 진행하면 평가하는 사람마다 초점을 다르게 두고 의견이 분산된다. '이상한 고객을 만나서 너무 당황스럽겠다'라고 영업 사원의 편에 서서 공감하거나, '나도 못하는데 무슨 자격으로 피드백을 하겠어?'라며 소극적으로 물러나 있으면 시간을 허비하는 것이다.

한계 5. 다시 하지 않는다

사람들은 자신이 변화하고 있다고 믿지만 실제로는 변화하지 않는 경우가 많다. 개선하고자 하는 부분을 발견했다면 즉시 반영해 차이를 체감해야 한다. 그저 "다음에는 이렇게 개선해보세요"라는 말로 끝나면 안 된다. 그 자리에서 다시 해봐야 진짜 자신의 것이 된다. 행동으로 옮기지 않으면 기억은 금세 사라지고 개선해야 할 지점은 흐릿해진다. 필라테스를 배울 때 선생님이 잘못된 자세를 교정해 시범을 보이면 그 자리에서 직접 자세를 바꿔봐야 체득이 되는 것과 같은 이치다. 무엇이 문제인지 아는 게 중요한 게 아니라 그 문제를 개선해 다시 해보는 게 진짜 리허설이다.

chapter 04

세일즈 리허설, 제대로 알자

세일즈 리허설은 무엇이 다른가

세일즈 리허설을 시작하기 전에 세일즈 리허설과 유사한 개념이 어떤 것이 있으며 무엇이 다른지 살펴보자.

영업 교육

영업 교육과 세일즈 리허설은 목적과 방법이 다르다. 영업 교육은 주로 상품 정보, 주요 기술, 영업 프로세스 등 지식을 개념화해서 전달한다. 반면 세일즈 리허설은 실제 상담에 어떻게 구현할지 직접 고객을 가상하여 영업 상담을 진행한다. "이런 말을 하고, 이런 상품을 소개하겠습니다"라고 하는 것이 아니라 "고객님, 불편하지 않으셨어요? 이제 이런 방법을 선택해보세요"라고 직접 말해보는 것이다. 교육이 기초

동작의 원리를 알고 암기하는 과정이라면, 리허설은 실전에 맞춰 동작하며 근육을 단련하는 과정이다.

롤플레잉

롤플레잉은 세일즈 리허설과 비슷한 개념 중 하나지만 분명한 차이가 있다. 롤플레잉은 특정 시나리오에 맞춰 역할을 나누고 연습하는 방식으로 진행하지만, 세일즈 리허설은 실제 고객과의 대화를 철저하게 시뮬레이션하는 데 중점을 둔다. 롤플레잉이 주어진 상황에 맞춰 반응하는 연습이라면, 리허설은 실제 지난주에 만난 고객에 대한 반조이든, 다음 주에 만날 고객에 대한 준비든, 실제 미팅을 상정하고 대비한다. 훈련이 목적이 아니라 완성도 있는 고객 미팅을 위한 준비가 목적이다.

영업 계획서 작성

고객 미팅 전에 사전 영업 계획서를 작성하는 것은 세일즈 리허설의 중요한 준비 단계일 수 있지만 그것만으로 리허설이 되지는 않는다. 영업 계획서 작성은 전략적 사고를 정리하는 문서 작업이고, 세일즈 리허설은 문서로 정리된 내용을 실제 대화 속에서 어떻게 풀어갈 것인지 실행해보는 단계다. 계획만 세우고 끝나는 것이 아니라 자신의 언어로 풀어보고 고객 반응을 예상하며 대처하는 과정을 경험하는 것이다.

OJT

세일즈 OJT On-the-Job Training 역시 유사해 보이지만 학습 방식에서 차이가 있다. OJT는 선배와 동석하여 실제 상황을 어깨너머로 참관하며 배우는 일이다. 간접 체험의 효과는 있지만 직접 본인이 고객을 상대하는 것과는 큰 차이가 있다. OJT에서 후배에게 아무 준비 없이 영업 기회를 제공했다가 실수가 생기면 그 고객과의 기회는 사라지고 만다. 반면 세일즈 리허설은 실패에 대한 리스크가 없다.

세일즈 콜 피드백

세일즈 콜 녹취 분석 및 피드백은 과거의 세일즈 퍼포먼스를 되돌아 보고 개선점을 찾는 과정이다. "고객이 이렇게 말할 때는 이렇게 하셨어야죠. 이런 분에게는 이런 제안이 효과적이에요"라는 피드백이 그때 그 상담에는 적절할지 모른다. 그러나 앞으로 그런 고객이 똑같은 상황에서 또 나타날 확률은 매우 낮다. 반면에 세일즈 리허설은 그 고객에게 다시 전화해서 무엇을 말할 것인지, 앞으로 만날 고객을 어떻게 대할 것인지 리허설한다.

동반 영업

멘토-멘티 제도를 활용해 선배와 동반 영업하는 것은 경험 전수를 위한 중요한 방법이다. 선배가 세일즈 현장에 동석해 영업 방법을 전수해주는 것은 생생한 훈련법이기는 하나, 고객에게는 부자연스러운 시간이 될 수도 있다. 또한 워낙 천차만별의 고객 상황이 있어서 시범을 보였다고 한들 후배가 그대로 따라 할 수도 없다. 사람이 다르고 상황이 다르고 상대도 다르기 때문이다. 선배나 고성과자의 우수한 노하우를 관찰하는 것은 좋은 기회이지만, 그 사례를 자신의 방식으로 구현하기까지는 갈 길이 멀다. 그래서 리허설이 필요하다. 리허설은 자신만의 영업 방법을 습득하고 터득할 기회다.

퍼포먼스 리뷰

퍼포먼스 리뷰는 목표 대비 현재 실적을 분석매출, 계약 건수, 고객 접촉 횟수 등하고 활동량을 점검콜 수, 미팅 수, 팔로우업 수, 제안서 발송 수 등하며 데이터를 기반으로 향후 개선 방안을 논의한다. 퍼포먼스 리뷰는 성과를 평가하고 문제점을 분석하며 향후 전략을 논의하지만, 영업 스킬 자체를 연습하거나 개선하지는 않는다. 그래서 퍼포먼스 리뷰와 세일즈 리허설은 양 날개처럼 함께해야 한다. 퍼포먼스 리뷰에서 분석한 저조한 실적의 원인이 '고객 반응을 끌어내지 못함'이라면, 세일즈 리허설에서 상담 대화법과 반대 의견 대응법을 집중적으로 구상하고 연습해야 한다. 그 후 개선된 방식으로 실제 고객을 만나고 다시 그 결과를 리뷰한다.

영업 교육으로 기초를 다지고, OJT로 경험을 쌓으며, 퍼포먼스 리뷰로 활동 전략을 수립한다면, 세일즈 리허설은 모든 것을 영업 사원 자신의 것이 되도록 연결하는 일이다. "구슬이 서 말이라도 꿰어야 보배"라는 말처럼 도구가 아무리 많아도 내가 활용할 수 없으면 그림의 떡이다.

세일즈 리허설이란

세일즈 리허설은 기존의 영업 교육과 차별화된 '실전을 위한 전략 시뮬레이션'이다. 영업 사원이 고객과의 만남에서 최대한 효과적으로 대응할 수 있도록 실제와 유사한 환경에서 끊임없이 실험하고 조정하는 과정이다. 세일즈 리허설의 6가지 핵심 개념을 살펴보자.

아는 것이 아니라 하는 것이다

영업 사원은 대부분 세일즈 전략과 제품 지식을 완벽하게 이해하고 있다. 하지만 실제 고객 앞에서는 배운 대로 말하지 못하고 실수를 반복하거나, 예상치 못한 질문 앞에서 당황하고 만다. 지식과 실행 사이에 큰 차이가 있기 때문이다.

세일즈 리허설은 이론적인 학습을 넘어, 실제 행동으로 연결하는 훈련이다. 단순히 "이렇게 하면 된다"는 교육을 듣는 게 아니라 실제로 말하고 몸으로 익히며 시뮬레이션을 반복하는 과정에서 자연스럽게 세일즈 스킬을 체득하게 된다. 지식을 축적하는 것이 목적이 아니라 지식을 실전에서 활용할 수 있도록 만드는 것이 세일즈 리허설의 핵심이다.

암기력이 아니라 감각을 기르는 것이다

기존의 롤플레잉은 정해진 대본을 연습하는 형태가 많았다. 고객이 "비싸요"라고 하면 "그렇지 않습니다. 왜냐하면…"이라는 답변을 반복해서 연습하는 것이다. 하지만 현실에서 고객은 "비싸요"라는 말을 다양한 맥락에서 한다. 돈이 없는 고객도 있고 반응을 떠보려는 고객도 있다. 투자 가치를 모르는 고객도 있고 초기 투자금이 부담스러운 고객도 있다. "비싸요"라는 고객의 말 이면의 맥락과 성향과 마음을 종합적으로 읽어야 한다. 상담 중에 일어나는 일과 고객이 하는 말의 의미를 민감하게 알아차리기 위해서는 다양한 말에 귀 기울여보는 경험이 필요하다. 어떤 말은 말 그대로 받아들일 수 있지만, 어떤 말은 그 이면에 감춰진 의미가 있다. 목소리의 높낮이, 말의 강세, 미묘한 어조 차이를 감지하는 능력은 경험 없이 저절로 생기지 않는다. 이런 감각은 실전과 유사한 환경에서 길러야 한다. 리허설은 답변을 잘 외우는지를 보는 게 아니라 상황에 따라 달라지는 답을 찾아내기 위해 하는 것이다.

계획하는 것이 아니라 실험하는 것이다

고객을 만나기 전 상담 전략을 계획하고 구상하는 영업계획서는 매우 중요한 도구다. 하지만 계획대로 할 수 있느냐는 다른 문제다. 실제 고객과 만나면 예상치 못한 상황이 펼쳐져 돌발적인 실수를 저지르기도 한다. 제 발에 꼬여 넘어지고 나면 모든 계획은 백지장이 된다. 세일즈 리허설은 이러한 상황을 대비하기 위한 실험의 과정이다.

- 이 말에 고객은 어떻게 반응할까?
- 가격을 먼저 제시하는 것과 나중에 제시하는 것 중 어느 쪽이 더 효과적일까?
- 고객이 거절했을 때, 어떤 접근 방식이 더 좋을까?

이처럼 실제 고객을 만나기 전에 다양한 접근 방식을 테스트하고 피드백을 받아 수정하는 과정을 거친다면 실전에서 시행착오를 줄일 수 있다. 세일즈 리허설은 계획을 세우는 것이 아니라 실험하고, 실패하고, 수정하고, 최적의 방식을 찾아가는 과정이다. 고객의 상황과 맥락을 가정하여 플랜A, 플랜B를 예상하고 최적의 행동을 실험하는 일이다.

구경하는 것이 아니라 탐구하는 것이다

잘나가는 영업 사원이 고객을 설득하는 모습을 보면 분위기가 무르익고, 고객의 마음이 점점 열리는 게 보인다. 고객은 마치 최면에 걸린 것처럼 자연스럽게 구매를 결정한다. 보면 할 수 있을 것 같지만 막상 똑같이 흉내를 내봐도 그 분위기가 나오지 않는다. 말투가 어색하고, 제스처 부자연스럽고, 억지로 짠 듯한 느낌이 든다.

대화는 당구공처럼 예상한 각도로 정확히 굴러가는 것이 아니다. 대화는 새싹에 가깝다. 새싹은 어느 방향으로 자랄지 예측할 수 없다. 바람이 불면 기울어지고, 비를 맞으면 빠르게 자란다. 한쪽이 던진 말이 상대에게 그대로 전달되는 게 아니라, 예상치 못한 방식으로 퍼지고 변화한다. 어떤 말은 뜻하지 않게 상대의 마음을 닫고, 어떤 말은 우연한 순간에 상대의 마음을 열어젖힌다. 유기적이고, 불확실하고, 유동적이다. 그래서 말을 잘하는 사람이 아니라, 흐름을 읽고 유연하게 반응할 줄 아는 사람이 대화를 잘한다.

세일즈 리허설은 성공한 영업 사원을 흉내 내는 것이 아니라, 자기 스타일에 맞는 방식을 찾는 과정이다. "이렇게 하면 성공할 수 있다"는 정답을 가르치려는 영업 교육이 많다. 하지만 사람마다 말하는 방식이 다르고 대화의 흐름을 주도하는 스타일이 다르다. 어떤 사람은 유머 감각을 활용해 고객과 빠르게 친해지기도 하고, 어떤 사람은 신뢰를 차곡차곡 쌓아가며 설득하기도 한다. 리허설을 통해 다음 질문에 대한 답을 탐구해보자.

- 어떤 말투가 내게 자연스러울까?
- 어떤 흐름으로 대화를 이끌 때 내가 편하고, 고객도 반응이 좋을까?
- 내 강점은 무엇이고, 어떤 방식이 나에게 효과적일까?

과거가 아니라 미래를 위한 것이다
세일즈 리허설은 미래의 성과를 높이기 위해 지금 무엇을 개선해야 하는지에 집중하는 과정이다.

"지난달 실적이 왜 낮았을까?"를 지적하는 것이 아니라, "다음 고객 미팅에서 어떤 방식으로 접근하면 더 효과적일까?"를 고민하는 과정이다. 세일즈 리허설은 과거를 돌아보는 것이 아니라 미래를 대비하는 시간이다.

숫자가 아니라 역량에 관한 것이다
세일즈 리허설은 '많이 하는 것'이 아니라, '잘하는 것'에 집중하는 과정이다. 고객과 열 번 만나서 한 건을 성사하는 게 아니라, 세 번 만나서 한 건을 성사하도록 대화의 질을 개선하는 게 핵심이다. 무작정 반복해서 시도하기보다, 한 번의 시도에 완성도를 높이는 과정이다.

PART 2

제대로 된 리허설이 성공을 만든다

: 세일즈 리허설의 기본

모든 분야에는 리허설이 있다

완성도 높은 결과는 철저한 준비에서 시작된다. 어떤 분야나 최고 수준의 결과를 내려면 사전 연습과 리허설이 필요하다. 리허설은 예술이나 공연뿐만 아니라 과학, 스포츠, 비즈니스, 건축 등 다양한 분야에서 선행된다.

건축 분야에서는 건물을 짓기 전 '모의실험Mock-up'을 한다. 실제 시공에 들어가기 전에 축소 모형을 만들어 디자인이 올바른지, 구조적으로 문제가 없는지 검토하는 과정이다. 자동차나 IT 제품을 개발할 때도 '프로토타이핑Prototyping' 과정이 있다. 완제품을 바로 생산하는 것이 아니라, 시제품을 만들어 성능을 테스트하고 개선점을 찾아내는 것이다.

예술 분야에서도 리허설은 중요한 역할을 한다. 화가는 본격적인 작품을 그리기 전에 수십 장의 '드로잉 스터디Drawing Study'를 진행한다.

단순한 스케치처럼 보이지만, 이 과정에서 작품의 구도와 색감을 실험하며 완성도를 높인다. 영화 제작에도 '프리비즈Previsualization, Previs'라는 개념이 있다. 영화감독과 제작진은 실제 촬영 전에 스토리보드나 간단한 3D 애니메이션을 활용해 전체적인 장면을 시뮬레이션해본다. 이를 통해 연출과 촬영 방식이 효과적인지 확인하고, 촬영 현장에서 발생할 수 있는 문제를 미리 대비한다.

스포츠에서도 실전과 같은 '연습 경기Practice Match'를 한다. 정식 경기에 앞서 팀워크를 다지고 전략을 점검하며 상대 팀의 전술에 대비한다.

비즈니스 세계에서도 사전 테스트가 중요하다. 신제품을 출시하기 전, 기업들은 먼저 '파일럿 테스트Pilot Test'를 거친다. 특정 지역이나 소규모 고객군을 대상으로 제품을 테스트하고, 소비자의 반응을 분석한 후 개선 작업을 진행한다. 마케팅 캠페인도 마찬가지다. TV 광고나 디지털 마케팅 전략을 대규모로 실행하기 전에 일부 채널에서 실험적으로 운영해본 뒤 효과를 검증하고 조정하는 과정을 거친다.

세일즈 역시 예외가 아니다. 철저한 연습과 준비가 있어야 실전에서 흔들림 없이 최고의 결과를 낼 수 있다. 무대든 경기장이든 세일즈 미팅이든 완벽한 퍼포먼스 뒤에는 반드시 보이지 않는 연습과 시뮬레이션이 존재한다. 리허설 없는 성공은 없다.

세일즈 리허설 진행 순서

세일즈 리허설은 잘 만든 연극처럼 실감 나게 진행해야 한다. 이때 연극과 다른 점은 실패해도 괜찮다는 것이다. 실패는 오히려 강력한 배움의 순간이 된다. 탐구와 발견이 있는 세일즈 리허설을 위해 다음 6단계 프로세스를 따르면 좋다.

1단계. 목표 설정

목적지가 없는 항해에는 순풍이 없다

막연한 연습은 의미가 없다. 세일즈 리허설을 시작하기 전에 가장 먼저 해야 할 일은 목표를 명확히 설정하는 것이다. 단순히 영업을 잘해 보자는 것이 아니라 구체적인 영업 목표를 정해야 한다. 세일즈 리허설에서 설정할 수 있는 대표적인 영업 목표는 고객 관계 구축, 고객 정보 확보, 영업 전략 테스트, 구매 의향 탐색, 판매 종결을 위한 설득 등이 있다. 목표를 명확히 해야 실전을 대비하는 리허설이 된다. 영업 목표에 맞는 고객 시나리오를 설정해야 전략을 수립할 수 있다. 리허설을 할 때는 실제 상황을 그대로 재현하기 위해 특정한 고객 유형을 정해야 한다.

2단계. 사전 준비

청중이 바뀌면 연주도 바뀌어야 한다

세일즈 리허설은 하던 대로 하는 게 아니라 안 해봤던 행동을 실험하고 시도하는 시간이다. 어제 하던 대로의 세일즈 리허설은 내일을 준비하기에 부족하다. 영업 목표와 고객 시나리오에 맞춰 알고 있던 영업 전략과 기량을 총동원하여 대화 흐름을 설계한다. '아는 것'보다 중요한 건 '실제로 행동하는 것'이다. 결국 성과는 '아는 사람'이 아니라 '하는 사람'의 것이다.

신뢰 형성이 목표인지, 구매 의사를 확인하고 클로징하는 게 목표인지에 따라 대화의 흐름과 스크립트의 '톤 앤 매너'가 달라진다. 또 고객 유형에 따라 실용성을 강조할지, 감성을 자극할지, 어떤 것을 먼저 어필하고 어떻게 반응을 살필지를 구상한다. 상담 단계에 맞춰 반드시 해야 할 행동 위주로 스크립트를 준비하되 외우는 것은 아니다. 무슨 말을 어떤 시점에 해야 할지를 미리 구상하되 거기에 매이면 안 된다.

3단계. 역할 안내

모두가 주인공이다

리허설에서 가장 흔한 실수는 영업 사원만이 리허설의 주인공이라고 착각하는 것이다. 리허설에서는 고객 역할을 맡은 사람, 관찰자, 영업 사원 모두가 주인공이며 각자 다른 방식으로 경험하고 배울 수 있다. 이 과정이 효과적으로 진행되기 위해서는 리허설 코치가 각자 역할의 중요성을 주지시키고, 어떤 부분을 집중해서 경험해야 하는지를 사전에 안내해야 한다.

고객 역할: 현실성을 부여하는 중심축

고객 역할을 맡은 사람은 스크립트에 있는 질문을 던지는 것뿐만 아니라 실제 고객처럼 몰입해야 한다. 고객이 느낄 불편을 세밀하게 표현해야 하기 때문이다. 영업 사원이 실제로 마주할 수 있는 다양한 유형의 고객까다로운 고객, 질문이 많은 고객, 소극적인 고객 등을 연기함으로써 영업 사원이 다양한 상황에 대비할 수 있게 해야 한다. 고객의 반응에 따라 영업 사원은 의사소통 방식이나 전략을 즉각적으로 조정하며 실전 감각을 키울 수 있다. 고객 역할이 진지하면 영업 사원도 실제와 같이 몰입할 수 있지만, 그렇지 않다면 연습의 질이 낮아진다.

더불어 고객의 입장이 어떤지도 예민하게 느껴봐야 한다. 영업 사원의 말과 태도에 따라 자신의 감정이 어떻게 변화하는지 섬세하게 체험하고 영업 사원에게 피드백을 줄 수 있어야 한다. 고객의 입장이 되어 다음과 같은 포인트를 관찰하자.

- 어떤 말이 신뢰를 형성하는가?
- 어떤 순간에 이 영업 사원을 믿고 싶다는 감정이 드는가?
- 영업 사원의 말과 태도 중 어떤 부분이 부담스럽거나 거부감을 느끼게 만드는가?
- 나였다면 구매를 결정하는 순간은 언제일까? 또는 무엇이 부족해서 결정을 보류할까?

감정을 있는 그대로 느끼고, 피드백 과정에서 솔직하게 공유해야 한다. 영업 사원은 느낄 수 없는 '고객의 심리적 흐름'을 경험하고 알려주는 것이 고객 역할의 핵심이다.

고객 역할의 유의 사항

❶ 리얼리티를 유지할 것

실제 고객처럼 생각하고 행동하며, 대화의 흐름을 의도적으로 복잡하게 만들지 말아야 한다. 지나치게 까다롭거나 너무 순진한 태도는 연습의 현실감을 떨어뜨린다. 영업 사원의 말과 행동에 따라 실제로 어떤 감정이 생기는지에 집중하고, 그 감정을 솔직하게 표현해야 한다.

❷ 목표를 염두에 둘 것

제공된 시나리오에서 나이, 직업, 상황 등을 기억하며 고객의 맥락을 반영한 질문이나 반응을 보여야 한다. 고객 역할은 영업 사원의 실수를 찾아내는 것이 아니라 영업 사원이 발전할 수 있는 상황을 만드는 것이다.

❸ 피드백을 준비할 것

역할이 끝난 후 고객 역할을 하며 느낀 영업 사원의 강점과 개선점을 객관적으로 전달한다.

영업 사원 역할: 탐구와 성찰의 주체

세일즈 리허설의 중심이다. 영업 사원 역할은 개선이 필요한 팀원뿐만 아니라 높은 성과를 보이는 팀원에게도 맡길 필요가 있다. 이는 좋은 경험을 공유하고 성장을 촉진하는 효과가 있다.

영업 사원 역할을 맡은 사람은 고객과의 대화와 관찰자의 피드백을 통해 자신의 강점과 약점을 파악하고 개선 방향을 찾을 수 있다. 왜 성공했는지 모른 채 실적만 올리면 다음에 그 성공을 보장할 수 없고, 왜 실패했는지 모른 채 실패하면 다음에 그 실수를 반복한다. 성공은 작은 차이에서 오지만, 실패는 중요한 것을 놓치는 데서 온다. 실수를 줄이는 것에서부터 성과가 만들어진다. 잘하는 것보다 망치지 않는 것이 먼저다. 자신의 영업 전략과 커뮤니케이션 스타일, 문제 해결 능력을 탐구하는 동시에 실수가 발생할 수 있는 지점을 대비하는 리허설은 영업 사원에게 매우 가치 있는 기회다. 실수를 하더라도 인정하고 다시 해보는 과정에서 내적 강인함도 개발된다.

영업 사원 역할의 유의 사항

❶ **실수를 두려워하지 말 것**
   세일즈 리허설은 실패할 수 있는 안전한 공간이다. 실수는 학습의 기회로 삼는다.

❷ 현실적인 태도로 임할 것

대사를 외우는 것이 아니라 실제 고객을 대한다고 생각하며 대화한다.

❸ 객관적으로 자신을 돌아볼 것

연기가 끝난 후 자신의 행동과 말을 분석하고 열린 마음으로 받아들인다.

관찰자 역할: 날카로운 안목을 발휘

관찰자는 방관자가 아니다. 이들은 최고의 리뷰어이자 피드백의 핵심 역할을 한다. 영업 목표에 도달하기 위해 어떤 방법이 효과적인지 찾아낼 수 있어야 한다. 리허설 코치는 관찰자에게 다음과 같은 관찰 포인트를 미리 설명한다.

- 고객의 반응이 바뀌는 '결정적 순간'은 언제인가? (예_고객이 관심을 보이거나 거부감을 느끼는 시점)
- 고객의 신뢰를 끌어낸 영업 사원의 말은 무엇인가?
- 영업 사원의 말투, 제스처, 표정이 고객에게 어떤 영향을 주는가?
- 대화의 흐름이 자연스러운가? 아니면 어색한 순간이 있는가?
- 고객이 질문을 던졌을 때 영업 사원은 어떻게 반응하고, 그 반응이 효

과적인가?

이러한 분석 포인트를 명확히 하면, 관찰자는 세일즈의 본질적인 요소를 파악할 수 있다. 또한 리허설이 끝난 후 스스로에게도 질문을 던질 수 있다. "나라면 어떻게 대응했을까?", "나는 저 영업 기법을 어떻게 적용할 수 있을까?" 이런 질문들은 곧 자신의 영업 역량 강화로 이어진다.

관찰자 역할의 유의 사항

❶ 객관성을 유지할 것
개인적인 판단이나 감정을 배제하고 사실에 기반한 피드백을 제공한다.

❷ 구체적으로 기록할 것
대화에서 영업 사원이 잘한 부분과 개선할 부분을 기록하여 피드백할 때 예시로 들 수 있어야 한다.

❸ 긍정적 피드백을 포함할 것
잘한 점과 개선할 점을 균형 있게 전달해야 영업 사원이 발전에 대한 동기를 잃지 않는다.

4단계. 리허설

리허설은 실전처럼, 실전은 리허설처럼

이제 진짜 세일즈 리허설을 시작한다. 이 단계는 드라마의 클라이맥스처럼 팀원들이 몰입하고 역량을 발휘하는 순간이다. 리허설 코치는 "편안하게 하세요. 우리 모두에게 좋은 아이디어를 줄 겁니다. 잘한다 못한다보다는 이런 상황일 때 어떻게 하면 좋을지 함께 모색하는 시간으로 생각해주세요. 모두를 위해 나서주셔서 감사합니다"와 같은 말로 세일즈 리허설 참여자들에게 인정과 감사를 전한다.

대화가 예상보다 길어지거나 누군가 말문이 막혀 흐름이 끊기는 경우가 생기면 리허설 코치가 상황을 부드럽게 이끈다. 대화가 길어진다면, "5분 남았습니다. 클로징으로 넘어가주세요"와 같은 말로 참여자가 부담을 덜고 집중력을 유지할 수 있게 한다. 흐름이 끊긴다면, "지금, 이 상황에서 어떻게 하면 좋을까요?"라고 관객에게 질문을 던져 지혜를 모으는 시간을 만들 수 있다. 리허설을 잠시 멈추고 팀원들끼리 의견을 나누고 새로운 접근법을 제시할 수도 있다. 이러한 진행은 리허설이 완벽한 무대를 보여주는 자리가 아니라 다양한 해결책을 탐색하는 과정임을 인식하게 한다.

리허설 코치는 이 과정에서 관찰하고 기록하는 것뿐만 아니라 고개를 끄덕이거나 따뜻한 미소를 지어 참여자의 자신감을 북돋울 수 있다. 과하게 평가하거나 고압적인 자세, 장난스러운 모습은 삼가야 한다.

리허설 코치 역할: 몰입도를 높이고, 분석력을 길러주는 가이드

리허설은 개인 연습이 아니라 팀이 함께 체험하고 중지를 모으는 과정이다. 영업 사원의 대화 연습만을 위한 것이 아니라 모든 참여자가 각자의 역할을 통해 체험하고 배움을 얻는다. 이를 위해 리허설 코치는 참여자들이 최대한 몰입해서 각자의 역할을 수행할 수 있도록 명확한 방향을 제시해야 한다.

고객 역할을 맡은 사람에게는 감정의 흐름을 섬세하게 체험하도록 유도하고, 관찰자에게는 피상적인 감상이 아니라 세일즈의 핵심을 분석하도록 안내해야 한다. 또한 영업 사원이 실수하더라도 위축되지 않고 적극적으로 개선해나갈 수 있도록 안전한 학습 환경을 조성하는 것이 중요하다. 리허설 코치는 리허설 전에 다음과 같은 포인트를 참여자들에게 명확히 전달해야 한다.

- 리허설의 목표를 명확히 한다. 이번 리허설을 통해 구체적으로 무엇을 탐구할지 정한다. (예. 고객의 니즈 파악 능력, 가격 협상 스킬, 신뢰 형성 대화법 등)
- 각자의 역할을 확실히 인지시킨다. 영업 사원은 실전처럼 대응하고, 고객은 실제 고객처럼 반응하며, 관찰자는 날카로운 분석을 해야 한다.

- 영업 사원이 자연스럽게 몰입할 수 있도록 리허설 중에는 개입하지 않고, 피드백 과정에서 꼭 짚어야 할 부분을 정리해준다.

> **리허설 코치 역할의 유의 사항**
>
> ❶ 진지하게 관찰하고 메모할 것
>   대화 중에 무엇이 효과적이었고, 어떤 부분이 미흡했는지를 기록해야 한다. 막연히 "좋았다, 부족했다"라고만 평가하면 개선할 수 없다.
>
> ❷ 시간 제한을 둘 것
>   고객과의 상담은 무한정 이어질 수 없다. 실전과 같은 긴장감을 유지하기 위해 제한된 시간 안에 고객을 설득하는 연습을 해야 한다.

5단계. 피드백

진정한 동료는 거울을 들고 있다

세일즈 리허설을 마친 뒤의 피드백 과정은 단순한 평가의 시간이 아니다. 영업 사원이 된 뒤로 점점 멀어진 고객의 감정, 고객의 시야, 고객의 언어를 회복하는 시간이다. 또한 실제 고객을 만나기 전 자신의 말과 태도, 전달 방식이 어떤 인상을 주는지 되짚어보는 생생한 복기 과정이다. 따라서 피드백은 '누가 먼저, 어떤 순서로, 어떤 관점에서' 이야기하는지가 매우 중요하다.

가장 먼저 피드백을 시작할 사람은 고객 역할을 맡은 참여자다. 실제 세일즈 현장에서 가장 먼저 '느낌'을 갖게 되는 주체가 바로 고객이기 때문이다. 고객 역할을 맡은 참여자가 리허설 대화를 어떻게 느꼈는지 진솔하게 이야기해주는 시간은, 영업 사원이 놓치고 있는 고객의 감정을 보여주는 거울이 된다. 고객 역할자는 단지 "잘했어요"라고 말할 것이 아니라, 어떤 부분에서 신뢰가 생겼고 어떤 말이나 태도에서 불편함이나 거리감을 느꼈는지를 말해야 한다. 예를 들어 설명의 논리는 정확했지만 감정의 벽이 느껴졌다거나, 단어 하나가 위협적으로 다가왔다거나, 너무 빨리 압박하는 느낌을 받았다는 등의 피드백을 할 수 있다.

영업을 오래 할수록 '이렇게 말하면 먹힌다', '이건 내가 잘하는 말'과 같은 자신의 기준에 익숙해지고, 고객이 실제로 듣고 느끼는 경험은 종종 뒷전이 된다. 어느 순간부터 고객을 '설득해야 할 타깃'으로만 보고, 고객의 감정보다는 자신의 말하기 기술 단련에만 집중하기도 한다. 결과적으로는 자신의 말이 맞아도 고객의 마음은 움직이지 않는 상황이 이어진다. 그렇기 때문에 리허설 피드백 시간은 '자신의 입장에서 말한 것'을 '상대 입장에서 듣는 것'으로 전환하는 훈련이자, 잃어버린 공감과 경청의 능력을 회복하는 시간이 되어야 한다.

고객 역할자의 피드백이 끝나면 영업 사원이 느낀 점을 이야기한다. 막상 해보니 말이 막혔던 순간, 긴장감이 생긴 포인트, 예상과 달랐던 감정 흐름 등을 솔직하게 말하며 '실전 감각'을 돌아본다.

그다음에는 관찰자가 리허설을 보며 느낀 점을 구체적으로 공유한다. 객관적인 눈으로 본 언어, 표정, 타이밍, 흐름 등을 짚으며 영업 사원이 스스로 놓치고 있던 행동적 특징들을 알려준다.

마지막으로 리허설 코치는 전체 흐름을 정리하고, 무엇이 효과적이었고 어떤 점을 보완하면 좋을지를 관계적 관점과 전략적 맥락에서 제시한다. 이때 중요한 것은 정답을 주는 것이 아니라 새로운 시각과 방향을 '질문자'의 태도로 제안하는 것이다. 이런 방식의 피드백 구조는 리허설을 '고객의 마음을 상기하고 관계의 본질로 돌아가는' 성장의 장으로 만든다.

고객 역할의 피드백

가장 직접적으로 상호작용을 경험했기 때문에 생생한 피드백을 줄 수 있다. 실제 고객이 느꼈을 법한 감정, 기대, 불편 등을 솔직하게 반영하므로 매우 중요하다. 예를 들어 "말투가 따뜻해서 신뢰가 갔어요", "답변이 모호해서 불안했어요"와 같은 피드백은 영업 사원에게 매우 유익하다.

고객 역할의 피드백이 중요한 이유

① 실제 상담 상황에서 고객이 느낄 감정과 유사한 인사이트 제공
② 즉각적인 피드백으로 공감 능력 강화
③ 순수한 고객 입장의 경험을 나누는 것이므로 영업 사원이 방어적으로 받아들이지 않을 수 있음

리허설 코치가 고객 역할에게 할 수 있는 질문

* 고객 입장에서 대화가 어떻게 느껴졌나요?
* 어떤 부분이 설득력이 있었고, 어떤 부분이 부족했나요?
* 더 듣고 싶었던 정보나 개선되었으면 하는 점이 있나요?

영업 사원의 소감

영업 사원이 자신의 성찰을 촉진하며 스스로 무엇을 잘했는지, 어떤 부분이 부족했는지 돌아볼 기회를 제공한다. 이때 리허설 코치는 "실

수보다는 이번에 새롭게 시도해본 점을 먼저 이야기해볼까요?"와 같은 말로 영업 사원이 부정적인 판단에 치우치지 않도록 격려와 가이드를 해주는 것이 좋다.

> **영업 사원 역할의 소감이 중요한 이유**
> ❶ 능동적인 개선 기회 제공
> ❷ 자신이 느낀 어려움과 고민을 솔직히 공유함으로써 자기 인식 향상
> ❸ 이후의 피드백을 더 열린 마음으로 받아들이게 됨
>
> 💬
> **리허설 코치가 영업 사원 역할에게 할 수 있는 질문**
> * 이번 연습에서 어떤 점이 잘되었고, 어떤 점이 어려웠나요?
> * 고객 입장에서 자신의 말이 어떻게 들렸을 것 같나요?
> * 다음에는 어떤 점을 개선하고 싶은가요?

관찰자의 피드백

관찰자는 제삼자의 시각으로 상황을 객관적으로 바라본 사람이다. 감정적인 거리두기가 가능하며, 구조적이고 분석적인 피드백을 제공할 수 있다. 지나치게 비판적이거나 두루뭉술하지 않도록 구체적인 행동

에 초점을 맞추는 것이 좋다. 예를 들어 "초반에는 고객에게 세 번 질문했지만, 후반에는 고객이 시계를 보는데도 계속 설명만 했어요. 고객에게 관심이 있다기보다 자기 말을 더 하고 싶은 것처럼 느껴졌어요. 수시로 고객이 잘 따라오고 있는지 시선이나 비언어로 체크하며 대화를 이어가면 좋겠어요"와 같은 피드백이 좋다.

관찰자의 피드백이 중요한 이유

① 객관적인 시각에서 구조적인 피드백 제공

② 잘한 점과 개선할 점을 균형 있게 분석할 수 있음

③ 당사자가 놓친 부분, 당사자의 패턴을 명확히 인식할 수 있도록 도움

💬 **리허설 코치가 관찰자에게 할 수 있는 질문**

* 이번 세일즈 리허설에서 영업 사원이 가장 잘한 점은 무엇인가요?
* 어떤 점을 개선하면 더 나아질 수 있을까요?
* 대화의 흐름이나 고객 반응에서 느낀 점은 무엇인가요?

리허설 코치의 피드백

마지막으로 경험이 풍부한 리허설 코치가 피드백을 제공한다. 이 피드백은 앞서 나온 의견들을 종합하고, 보다 높은 수준의 방향성을 제시하는 역할을 한다. 비판적인 피드백보다는 코칭 중심으로 접근해야 한다. "다음에는 고객의 반론에 이렇게 대응해보는 건 어떨까요?"와 같은 구체적이고 실행 가능한 제안은 당사자가 피드백을 긍정적으로 수용하는 데 도움이 된다.

리허설 코치의 피드백이 중요한 이유

① 피드백의 핵심 내용을 정리하고 개선 포인트를 강조
② 구체적인 개선 방향과 전문적인 조언 제공
③ 세일즈 리허설의 목표를 재확인하고 성장 기회로 연결

💬 리허설 코치가 할 수 있는 질문

① 탐구형 질문
* 이 대화를 통해 고객의 진짜 요구를 발견할 수 있었나요?

② 긍정적 강화
* 이번 질문에서는 고객의 니즈를 더 명확히 탐색할 수 있었어요. 다음에는 질문 순서를 더 구조화해볼까요?
* 방금 시도한 고객 응대 방식은 매우 효과적이었습니다. 이 점을

더 발전시켜봅시다.

❸ 균형 잡힌 참여 독려

* 모두의 의견이 중요합니다. 서로의 생각을 나눠볼까요?

6단계. 재연습

철은 뜨거울 때 쳐야 한다

배운 즉시 써먹어야 지식이 아니라 능력이 된다. 성장은 한 번의 시도로 바로 자기 것이 되지 않는다. 마이크 타이슨은 한 번의 시합을 위해 약 300라운드를 스파링했다고 한다. 한 번 피드백을 받았다고 바로 개선되지 않는다. 발견한 내용을 반영하고 다시 시도하는 과정에서 진정한 변화가 일어난다. 지금 막 깨달은 통찰, 피드백, 감정이 살아 있을 때 행동으로 옮겨야 진짜 자기 것이 된다.

리허설 코치는 "이번에는 아까 놓친 클로징 부분에 집중해서 다시 해볼까요?"라고 말하며 재리허설을 이끌 수 있다. 이때 중요한 것은 단순히 반복하는 것이 아니라 피드백에서 얻은 교훈을 적극적으로 반영하는 것이다. 같은 패턴을 반복한다면 리허설 코치가 "이번에는 조금 다르게 접근해볼까요? 조금 전에 받은 피드백대로 속도를 늦춰서 고객에게 질문으로 접근하세요. 자, 그 부분부터 다시 합니다. 해볼까요? 새로운 아이디어를 추가해보는 건 어때요?"와 같은 제안으로 참여자들이 바로 적용할 수 있도록 유도해야 한다. 미래를 기약하는 것보다 지금 이 순간 시도하는 것이 더 중요하다. "다음에 잘하자"가 아니라, 지금 다시 해보는 용기를 강조하자.

세일즈 리허설의 운영 방식과 주요 돌발 상황

리허설의 목적이 무엇인가

세일즈 리허설은 목적과 상황에 따라 다양한 방식으로 운영할 수 있다. 효과적인 훈련을 위해서는 리허설을 진행 시기별, 영역별, 참여 주체별, 운영 시간별로 구분하고 각 유형에 맞는 방식을 선택한다.

진행 시기별 리허설: 언제 진행하는가?
리허설을 언제 수행하는가에 따라 목적과 운영 방식이 달라진다.

❶ 사전 리허설
실제 고객을 만나기 전에 진행하는 리허설이다. 신제품 론칭, 신규 영업 전략 도입, 중요 미팅 전에 반드시 해야 한다. 고객의 반응을 예측하고 대비할 수 있도록 준비하는 과정이다.

❷ 사후 리허설

실제 영업이 끝난 후, 성공과 실패 요인을 분석하기 위한 리허설이다. 무엇을 잘했고, 무엇을 개선해야 하는지를 팀원들과 함께 논의하고, 피드백을 바탕으로 같은 실수를 반복하지 않도록 전략을 보완할 수 있다.

❸ 정기 리허설

월별, 분기별 또는 연간 단위로 정기 운영하는 리허설이다. 영업 사원을 지속 성장시키면서 최신 트렌드를 반영하기 위해 필요하다. 꾸준한 연습으로 자연스레 세일즈 스킬을 체득할 수 있다.

영역별 리허설: 어떤 역량을 강화하는가?
집중적으로 강화할 세일즈 기술을 중심으로 리허설을 분류한다.

❶ 오프닝&아이스 브레이킹 리허설
고객과의 첫 대면에서 신뢰를 형성하고 자연스럽게 대화의 포문을 여는 연습이다.

② 니즈 파악&질문 기술 리허설

고객의 니즈를 효과적으로 파악하고 적절한 질문을 던지는 기술을 연습한다.

③ 프레젠테이션&상품 설명 리허설

고객에게 제품이나 서비스를 매력적으로 설명하는 스토리텔링 기법을 연습한다.

④ 가격 협상&거절 극복 리허설

가격 민감도가 높은 고객에게 대응하고, 거절을 극복하는 전략을 연습한다.

⑤ 클로징&계약 유도 리허설

구매 결정을 유도하고 계약을 성사하는 마무리 대화법을 연습한다.

참여 주체별 리허설: 누가 참여하는가?

리허설의 참여 인원과 역할에 따라 훈련 방식이 달라진다.

① 1:1 리허설

코치 또는 동료 한 명과 함께 진행하는 리허설이다. 세밀한 피드백이 가능하며, 집중적으로 연습할 수 있다.

❷ 그룹 리허설
팀 단위로 진행하여 다양한 의견을 공유하고, 다른 사람의 기술을 배울 수 있다. 고객 역할, 영업 사원 역할, 관찰자 역할을 번갈아 가며 진행할 수 있다.

❸ 멀티플레이어 리허설
고객뿐만 아니라 구매 의사결정권자CEO, CFO, 경쟁사, 동료 등 복합적인 관련자를 리스트업하고, 각자 입장을 주장하는 상황을 리허설한다.

운영 시간별 리허설: 리허설을 얼마나 진행하는가?
리허설의 목표와 난이도에 따라 진행 시간도 다르게 설정한다.

❶ 숏텀 리허설(5~10분)
빠르게 진행하는 스크립트 연습 또는 특정 대화의 포인트를 체크하는 리허설이다. 리허설 코치와 잠시 서서 염려되는 부분만 바로 리허설하고 필요한 부분을 교정한다. 이동하는 차 안에서, 복도에서, 고객 미팅 직전 미팅룸에서 할 수 있다.

② 스탠다드 리허설(10~30분)

한 개의 시나리오를 완전하게 실습하고 피드백하는 과정이다. 오프닝부터 클로징까지 상담의 전 단계에서 고객 상황을 반영해 리허설한다. 고객의 예상 반응, 대화 흐름의 변수에 대비한다.

③ 인텐시브 리허설(30~100분)

복합적인 고객의 상황에 대응해보는 연습, 심층적인 피드백과 코칭을 포함한다. 다양한 케이스를 다루기 위해 3팀 이상 리허설에 참여하여 각자의 강·약점을 서로 피드백하고 효과적인 상담법을 함께 모색한다.

리허설에도 돌발 상황은 생긴다

세일즈 리허설은 단순하게 흘러가지 않아서 운영의 묘미가 있다. 참여자의 컨디션, 상호작용, 심리적 저항, 역할 해석의 차이가 뒤섞이며 예상치 못한 돌발 상황이 발생할 수 있고 이 과정에서 순작용 또는 역작용이 생길 수 있다. 이럴 때 리허설 코치는 참여자들의 저항을 자연스럽게 해소하고, 리허설의 목적을 잃지 않도록 조율해야 한다.

종종 생길 수 있는 돌발 상황과 그에 따라 리허설 코치가 활용할 수 있는 대처 멘트를 보자.

참여를 꺼리는 경우: 소극적 회피형

저항 멘트

"전 이런 거 잘 못해요…."

"그냥 듣고만 있으면 안 될까요?"

"실제 고객이랑은 다를 것 같아요."

저항 대처 멘트

"실수해도 괜찮아요. 이 연습은 성장하기 위한 과정입니다." (심리적 안전감 제공)

"어렵다면 간단한 질문 하나만 던져보는 건 어떨까요?" (단계적 참여 유도)

"리허설에 참여하면 실전에서도 긴장감을 덜 느끼실 거예요." (실전 대비 강조)

지나치게 연기를 과장하는 경우: 과도한 연출형

저항 멘트

"자, 저는 아주 까다로운 VIP 고객입니다!"

"여기서 90% 할인해 주시죠! 하하!"

"제가 리허설을 재미있게 만들어볼게요."

저항 대처 멘트

"좋은 시도인데, 좀 더 실제 상황에 가깝게 대화해보면 어떨까요." (경계 설정)

"실제 고객처럼 고민하며 반응해주세요." (구체적 역할 지시)

"실제 상담에서 고객이 이런 식으로 반응할까요? 지금은 더 현실적인 대화를 해 보죠." (리얼리티 강조)

리허설 자체를 거부하는 경우: 방어적 거부형

> 저항 멘트

"제 방식대로 하는 게 더 효과적입니다."

"이건 제 스타일이 아니에요."

"이런 리허설이 실제 고객 만나는 데 얼마나 도움이 될까요?"

> 저항 대처 멘트

"그럴 수 있죠. 그런데 이 연습이 실제 고객을 만나는 준비가 됩니다." (공감과 설득)

"그렇다면 이번에는 연기 대신 관찰자로 참여해보시겠어요?" (협력적 접근)

"이 연습이 다른 접근법을 시도하는 기회가 될 수도 있습니다." (학습 기회 강조)

지나치게 경험을 과시하는 경우: 경쟁적 자기과시형

> 저항 멘트

"제가 예전에 이런 고객을 상대했을 때는 말이죠…."

"제가 실제로 해봤는데 이 방법이 더 좋아요."

"제가 해볼게요. 다들 잘 보고 배우세요."

> 저항 대처 멘트

"좋은 팁이지만 다른 분들이 연습할 기회도 드리고 싶습니다." (균형 유지)

"좋은 경험을 공유해주셔서 감사합니다. 그런데 이번에는 다른 접근도 시도해볼까요?" (다양한 학습 강조)

역할에 몰입하지 않는 경우: 형식적 참여형

> 저항 멘트

"네, 제품 설명 잘 들었습니다."

"음…. 네, 괜찮은 것 같네요."

(건성으로 대답하며 적극적으로 참여하지 않음)

> 저항 대처 멘트

"실제 고객이라면 어떻게 느낄지 생각하면서 반응해주세요." (몰입 유도)

"고객 입장에서 진짜 궁금할 만한 질문을 한 번 던져볼까요?" (몰입 유도)

"이런 반응이면 영업 사원이 어떻게 대처해야 할까요?" (참여 유도)

감정적으로 반발하는 경우: 감정적 저항형

> 저항 멘트

"지금 저를 비판하는 건가요?"

"너무 지적받는 느낌이에요."

"이거 좀 불편한데요."

> 저항 대처 멘트

"이 연습은 비난이 아니라 개선을 위한 것입니다." (심리적 안전감 제공)

"잠시 쉬었다가 할까요?" (연습 중단 제안)

"모두가 성장할 수 있도록 피드백을 나누는 과정입니다." (학습 환경 강조)

지나치게 까다로운 고객 역할을 수행하는 경우
: 극단적 고객형

저항 멘트

"이 정도 할인도 못 해줘요? 최악이네요."

"경쟁사에서는 다 해주던데요?"

"다른 색깔도 보여줘요. 다른 사이즈는요?"

저항 대처 멘트

"좋은 포인트입니다. 하지만 조금 더 다양한 반응을 보여주세요." (행동 조율)

"이 리허설의 목표를 다시 생각해볼까요?" (목표 리마인드)

"실제 고객 중에서도 이런 분들이 있을 수 있지만, 보다 현실적인 고객을 설정해보면 어떨까요?" (현실성 회복)

대화를 지나치게 길게 이어가는 경우: 시간 초과형

저항 멘트

(끝날 기미 없이 계속 설명을 이어감)

"이 부분도 더 이야기해봐야 할 것 같은데요?"

저항 대처 멘트

"좋은 대화이긴 한데, 이제 다음 단계로 넘어가보겠습니다." (타이밍 관리)

"이번 리허설은 10분 동안 진행하고, 5분 동안 피드백을 나누겠습니다." (시간 고지)

지나치게 세부 사항을 문제 삼는 경우: 기술적 지적형

 저항 멘트

"이건 실제 법적으로 문제가 될 수도 있어요."

"이 표현이 정확한가요? 세부 내용 검토가 필요합니다."

 저항 대처 멘트

"좋은 의견입니다. 하지만 이번 연습에서는 다른 접근을 시도해보면 좋겠습니다." (긍정적 접근)

"리허설이 끝난 후, 세부 사항을 따로 논의하는 것도 좋은 방법입니다." (논의 시간 분리)

적극적으로 참여하지 않는 경우: 무관심 방관형

저항 멘트

(계속 주변만 바라보며 대화에 집중하지 않음)

"듣기만 해도 되죠?"

 저항 대처 멘트

"다른 분들이 연습하는 동안 관찰하신 부분을 말씀해주세요." (참여 독려)

"고객 역할을 짧게 한번 해보시는 건 어떨까요?" (간단한 역할 부여)

리허설 코치의 실수 방지 체크 리스트

☐ **관찰과 메모**
관찰 포인트를 명확히 정리하고 기록했는가?

☐ **긍정적 태도 유지**
참여자의 실수에도 긍정적이고 지지하는 태도를 보였는가?

☐ **균등한 참여 기회 제공**
모든 참여자에게 역할과 피드백 기회를 공평하게 제공했는가?

☐ **구체적이고 실용적인 피드백**
피드백이 구체적이며 행동 개선에 초점이 맞춰졌는가?

☐ **시간 관리**
단계별 시간을 효과적으로 조율했는가?

PART 3

목표를 설정하라

: 세일즈 리허설 성공 법칙 1

목적지를 알고 출발하자

세일즈 리허설을 신입 사원만 하는 것으로 착각하는 경우가 많다. 하지만 고경력자나 고성과자도 성과를 향상하고 더 효과적인 전략을 선택하기 위해 매일 세일즈 리허설을 해야 한다. 아무리 아름다워도 매일 거울을 보고 세수를 하는 것과 같은 이치다. 세일즈 리허설을 통해 구체적인 성과 목표를 수립하고 자신의 존재 방식, 교정하고 싶은 행동을 설정해야 한다. 신입 사원이 10년에 한 번 만날까 말까 싶은 이상한 고객 역할을 상대로 세일즈 리허설을 하거나, 경험 많은 담당자가 너무 기초적인 세일즈 리허설을 할 필요는 없다. 이번 주에 만나야 할 고객을 가상하여 상담 전략을 구상하거나, 지난주에 거절 받아 판매를 성사하지 못했던 상황을 재현하는 게 좋다. 무엇이 문제였고, 앞으로 어떻게 나아질지를 모색하기 위해 세일즈 리허설이 필요하다.

어떤 사람은 세일즈 리허설을 '공개 망신'이라 여기고, 어떤 사람은

'고객 성토대회'라 여기며, 어떤 사람은 '신입 길들이기'라고 생각한다. 리허설의 의도와 목표를 제대로 합의하지 못하면 각자의 관점에서 다르게 해석하고 다른 결과가 나온다.

세일즈 리허설은 판매 여부가 아니라 의도한 대로 상담을 전개했느냐로 성공을 가늠한다. 리허설은 판매 결과를 보장하기 위한 것이 아니라 영업 상담 의도를 실현하려는 준비 과정이다. 목표가 없는 리허설은 주의력과 시간을 쓴 데 비해 그저 한 번의 경험으로 그치고 만다.

그렇다면 리허설의 목표는 어떻게 설정해야 할까? 상담이란 단순한 대화가 아니다. 고객과 친해지는 것, 제품 설명을 잘하는 것, 판매를 성사하는 것만이 상담의 전부가 아니다. 상담은 정량적 성과를 위한 정성적 과정으로 세분되어야 한다. 세일즈 리허설의 의도와 목표를 설정하기 위해 다음 세 가지 질문을 해야 한다.

❶ 어떤 목표에 도달할 것인가? (영업 목표)
❷ 어떤 관계를 설정할 것인가? (관계 설정)
❸ 어떤 행동을 교정할 것인가? (교정 행동 선택)

어떤 목표에 도달할 것인가

모든 영업 사원이 같은 방식으로 영업해야 하는 것은 아니다. 모든 고객에게 통하는 한 가지 비법이 있는 것도 아니다. 인간은 본래 그리 단순하지 않아서 한두 가지 방법으로 해결되지 않는다. 상황과 대상에 따라 다양하게 접근할 수 있어야 하고, 그러려면 매번 익숙한 상담 방식을 뛰어넘어야 한다.

같은 상품을 판매하면서 어떤 사람은 목표를 초과 달성하고, 어떤 사람은 한참 미달하는 이유가 무엇일까? 영업 실적의 차이는 '운'이 아니라, 영업 사원의 역량 차이에서 비롯한다. 하지만 많은 기업이 영업 사원의 성과가 저조한 원인을 감각으로 파악하고, 경험해온 피드백을 간단히 제공하는 데 그친다.

과연 이런 방식으로 영업 실적을 개선할 수 있을까? 이제는 감각이나 경험에만 의존해 영업할 수 있는 시대가 아니다. 철저한 데이터 분석을 통해 부족한 부분을 정확히 진단하고, 그에 맞춘 세일즈 리허설로 실질적인 영업 전략을 구상해야 한다.

에드윈 로크Edwin A. Locke의 '목표 설정 이론Goal Setting Theory'에 따르면, 명확하고 구체적인 목표를 설정할수록 성과가 높아진다고 한다. 막연하게 연습만 해서는 안 된다. 구체적인 목표를 설정하고 그것이 실현되는지 의식적으로 관찰한 후 피드백을 해야 리허설의 가치가 있다.

리허설의 목표를 설정하기 위해 우선 짚어야 할 것은 정량적 데이터다. 양적인 변화가 일정 수준에 도달하면 질적인 변화로 이어진다. 하지만 무작정 양을 늘리는 것이 아니라, '어느 순간 질적으로 변할 수 있는 핵심 요소'를 찾아야 한다. 그러기 위해서 현재 영업의 활동량 달성률, 승률, 전환 비율, 거래 규모, 판매 주기 등 영업 활동 지표를 분석하면 어떤 부분이 실적 부진의 원인인지 가설을 세울 수 있다. 그리고 가설이 맞는지 리허설을 통해 검증할 수 있다.

활동량 달성률

목표 달성의 벽을 넘지 못하는 이유

판매 목표를 달성하지 못하는 영업 사원에게 단순히 "더 열심히 하라"라고 독려하는 것은 해결책이 되지 못한다. 활동량 달성률Quota

Attainment은 영업 사원의 성과를 평가하는 가장 기본적인 지표이지만, 달성률이 낮은 이유를 파악하는 것이 먼저다.

이런 경우 문제는 크게 두 가지로 나뉜다. 충분한 고객 접촉을 만들지 못하는 경우와 고객과 접촉한 기회를 판매로 연결하지 못하는 경우다. 둘 중 어떤 문제가 더 큰 원인인지 분석하지 않으면 계속 압박감만 주게 된다. 영업 사원의 전체 활동 패턴을 세밀하게 분석하고 원인을 찾아야 세일즈 리허설에서 무엇을 준비할지 정할 수 있다. 만약 영업 기회를 만들지 못하는 쪽이라면 사전 약속을 잡는 텔레어프로치의 영역을 리허설해야 한다. 반면 고객과 상담은 하는데 판매로 이어지지 않는다면 클로징을 강력하게 리드하는 리허설을 해야 한다.

승률

접촉 수 대비 성사가 낮은 이유

영업 사원이 잠재 고객과 많이 접촉하는데도 실제 거래 성사율승률이 낮다면, 그것은 운의 문제가 아니다. 승률은 영업 사원이 고객을 얼마나 효과적으로 설득하는가를 측정하는 핵심 기준이지만, 숫자만으로는 정확한 문제를 알 수 없다. 어떤 단계에서 고객이 이탈하는지, 특정한 반대 의견에 대응하지 못하는지, 고객의 니즈를 정확히 파악하지 못하는 것은 아닌지 리허설로 크로스 체크해야 한다. 이런 과정 없이 고객을 만나기만 하면 소중한 기회가 사라진다. 무조건 열심히 할 것이 아니라 정밀하게 영리해야 한다.

전환 비율

첫 만남에서 승부가 결정된다

영업의 모든 과정이 중요하지만, 특히 첫 번째 접점에서 고객이 다음 단계로 넘어가는 전환 비율Conversion Rate은 판매 성사를 좌우하는 결정적 요소다. 초기 상담에서 신뢰를 얻지 못하면 이후 단계는 존재하지 않기 때문이다.

만약 고객이 첫 상담 후 응답이 없거나, 제안 이후 관심이 급격히 줄었다면 영업 사원이 초반에 효과적으로 신뢰를 구축하지 못했을 가능성이 높다. 이 문제를 해결하려면 첫 만남에서 흥미를 끌어내고 다음 활동에 대한 구체적 약속을 어떻게 잡고 있는지 점검해야 한다. "고객이 연락을 끊었어요"라며 고객을 탓할 게 아니라 '첫 만남에서 내가 무엇을 놓쳤을까?'라는 질문을 자신에게 던져야 한다. 머리에 불이 붙은 것처럼 치열하게 궁금해하고 심각하게 연구해야 한다. 그 간절함이 세일즈 리허설로 이어지면 첫 만남에서 무엇을 유의하고 어떤 표현이 꼭 필요할지 해답을 찾을 수 있다.

거래 규모

작은 거래만 성사되는 이유

모든 거래가 같지는 않다. 어떤 영업 사원은 작은 계약만 하고, 어떤 영업 사원은 대형 계약을 따낸다. 작지만 많은 계약을 따내는 영업 사원은 대형 계약을 위한 세일즈 리허설을 해야 하고, 대형 계약을 따와도 전체 계약 건수가 적다면 그 이유를 찾아야 한다. 평균 거래 규모가 낮다면 영업 사원이 고객과의 협상에서 가치를 제대로 전달하지 못하고 있을 가능성이 크다. 고객이 더 큰 비용을 지불하도록 설득하는 방법, 더 높은 패키지 옵션을 자연스럽게 제안하는 스킬, 가격 저항을 극복하는 대화법 등을 훈련해야 한다. 반면에 대형 계약만 가끔 한 번씩 끌어낸다면 작은 거래 기회를 놓쳤거나, 탐색 과정에서 큰 계약에만 집중하고 작은 거래에는 관심을 기울이지 않아서일 수 있다. 이때는 리허설을 통해 단일 대형 거래에 집중하는 대신, 고객의 다양한 니즈를 탐색하고 작은 거래를 지속적으로 쌓아가는 전략을 점검해야 한다. 소규모 거래를 무시하면 경쟁사가 해당 고객과 관계를 형성하면서 이후 대형 계약 기회마저 빼앗길 위험이 있기 때문이다.

영업 사원 1인당 수익

투입 시간 대비 수익이 낮은 이유

어떤 영업 사원은 같은 시간을 들여도 더 높은 수익을 창출하고, 어떤 영업 사원은 종일 고객과 만나도 큰 성과가 나오지 않는다. 영업 사원 1인당 수익Revenue per Sales Rep은 단순한 활동량이 아니라 얼마나 효율적으로 활동하는지를 측정하는 지표다.

만약 시간이 많이 소요되는 고객을 상대하는 데 집중하고 있다면 그중 더 가치 있는 고객을 선별하는 기술이 필요하고, 상담 방식이 비효율적이라면 핵심적인 니즈를 빠르게 파악하는 기술이 필요하다. 세일즈 리허설을 하면서 상담 패턴을 파악하고 해결의 실마리를 찾아야 한다.

판매 주기 길이

고객이 결정을 미루는 이유

고객이 결정을 내리기까지 걸리는 시간이 길어질수록 영업 사원의 부담은 커진다. 판매 주기가 길다는 것은 고객이 확신을 얻지 못했거나 영업 사원이 신속하게 의사결정을 유도하지 못하고 있다는 의미다.

이때도 리허설을 통해 이 문제를 해결하는 데 어떤 기술이 필요할지를 가늠할 수 있다. 고객이 말하지 않는 사정을 캐내는 기술이 필요한지 혹은 강력하게 결정을 촉구하는 클로징 기술이 필요한지 그 원인을 알면 적절한 처방이 가능하다. 정량적 데이터로 문제점을 찾고 세일즈 리허설로 원인과 해결책을 찾아내는 것이다.

괜한 데 힘 빼지 말고, 꼭 필요한 부분에 제대로 노력을 기울여야 한다. 그럴싸한 페인트칠보다 물 새는 구멍에 돌 한 개 제대로 박는 게 먼저다. 영업 활동도 무조건 열심히 하기보다는 먼저 계량적인 활동량을 점검하고 가설을 세운 다음 리허설로 검증하는 과정이 필요하다. 고객 접촉량이 부족한 영업 사원이라면 텔레어프로치부터 반복해서 리허설하고, 성사율이 낮은 사람이라면 니즈를 발굴한 뒤 상품 제안으로 넘어가는 브리지 대화를 집중적으로 연습해야 한다. 실전은 리허설한 만큼 나온다. 다만 그 리허설이 '딱 필요한 곳'을 향해 있을 때만 그렇다.

chapter 03

어떤 관계를 설정할 것인가

리허설의 목표를 설정하기 위해 짚어야 할 두 번째 질문은 자신이 누구로 존재하고 고객을 어떤 존재로 대하느냐에 관한 것이다. 영업 상담은 입으로 하는 게 아니라 마음과 머리로 해야 한다. 세일즈 리허설에서 진짜 준비해야 할 것은 유창한 표현법이 아니라 유연한 존재 방식이다. 기술은 현란한데 느낌이 좋지 않은 사람이 있는가 하면, 어눌해도 진심이 느껴지는 사람도 있다. 이는 눈에 보이는 기술 영역이 아니라 눈에 보이지 않는 태도 영역 때문이다. 세일즈 리허설은 현재의 태도를 돌이켜보고 새로운 태도를 장착하는 시간이다. 태도는 자신이 고객과 어떤 관계를 맺고 싶은지, 고객 앞에서 어떤 사람으로 존재할 것인지를 선택할 때 형성된다.

이런 '관계 설정'이 결국 말투, 태도, 대화의 방향처럼 겉으로 드러나는 행동에 영향을 준다. 예를 들어 자신을 '문제 해결을 돕는 전문가'로 인식하는 사람은 자연스럽게 그런 톤과 태도로 고객을 대하게 된다. '이 고객은 그냥 회사 지침 때문에 넘겨받은 케이스야', '빨리 처리만 하고 끝내자' 하고 생각하는 사람은 그 생각이 고스란히 말과 행동에 묻어난다. 관계가 행동을 이끈다. 엄마 수업을 따로 듣지 않아도, 아이를 낳고 '엄마'로서 자신을 받아들이는 순간 자연스럽게 엄마다운 행동을 하게 되는 것처럼 말이다. 손바닥이 손등과 함께하듯 관계를 어떻게 설정하냐에 따라 행동은 자연스럽게 따라오게 되어 있다.

나는 고객을 누구로 인식하고 있는가?

- 고객은 '갑'이고, 나는 '을'이다. 그래서 나는 판매를 위해 쩔쩔맨다.
- 고객은 단순히 상품을 구매하는 소비자이고, 나는 영업 사원일 뿐이다. 그래서 나는 거래 관계 이상을 넘지 못한다.
- 고객은 나의 평생 파트너이고, 나는 고객을 평생 만날 전문가다. 그래서 나는 단기적인 실적보다 고객의 문제를 함께 푸는 데 집중한다.

나는 고객에게 누구로 존재할 것이고, 누구로 보이고 싶은가?

- 고객의 삶을 이해하고 솔루션을 제공하는 전문가
- 고객의 이야기를 경청하고 탐구하는 기자나 인터뷰어
- 고객의 고민을 진심으로 공감하고 돕는 가족 같은 존재

고객과의 관계를 설정하는 일은 대화 기술 이상의 것을 요구한다. 삶에 대한 가치관과 일에 대한 철학을 담는 일이다. 세상은 전쟁터이고, 고객은 무찔러야 할 상대라고 여기는 영업 사원도 있다. 반면 세상은 학교이고, 고객을 통해 배우고 나아진다고 여기는 영업 사원도 있다. 고객을 누구로 인식하느냐에 따라 말하는 분위기는 물론 부지불식간에 하는 농담도 느낌이 달라진다. 허심탄회하게 말할 때도 "고객님이 안 하시겠다는데 별 수 있나요? 저도 폐 끼치고 싶지 않습니다"라고 하는 영업 사원이 있는가 하면, "진심으로 말씀해주셔서 감사해요. 고객님과 더 가까워진 느낌입니다"라고 하는 영업 사원도 있다.

세일즈 리허설 전에 관계를 설정하는 것은 형식적인 연습을 넘어 고객을 대하는 감정과 태도, 사고방식을 비춰보고 새롭게 확장하는 일이다. 영업 사원이 고객을 '갑甲'으로 설정하면 고객에게 지나치게 쩔쩔매게 되고, 고객을 '을乙'로 설정하면 지나치게 고압적인 태도로 고객을 대하게 된다. 고객을 설득해야 할 상대로 설정하면 상품 정보만 일방적으로 설명하게 되고, 자신은 안내자일 뿐 선택은 고객의 몫이라고 생각하면 고객의 말에 끌려갈 수 있다. 이처럼 관계 설정은 대화의 내용과 흐름에 직접적인 영향을 미친다.

관계를 설정하는 방법

마음가짐을 정한다

세일즈 리허설 전에 관계를 효과적으로 설정하려면 다음 단계를 거쳐야 한다.

고객에 대한 인식 점검
고객은 내게 단순히 물건을 구매하는 대상인가, 아니면 삶을 개선하고 싶은 동반자인가?

자신의 존재 정립
나는 고객을 돕는 전문가인가, 아니면 단순히 정보를 전달하는 영업사원인가?

'톤 앤 매너'의 선택
관계 설정에 따라 적절한 톤(부드러운, 권위 있는, 유머러스한)을 결정한다.

세일즈 리허설 시나리오에 반영
선택한 관계 설정에 맞춰 시나리오를 준비한다.
예_ "나는 기자처럼 고객의 관심사를 탐구하겠다."

관계 설정의 선택지: 15가지 관계 유형

다양한 관계 설정 중에서 어떤 태도를 선택할지는 고객의 상황과 자신의 스타일에 따라 달라질 수 있다. 다음은 세일즈 상황에서 고객과의 관계 설정을 위한 15가지 유형이다.

❶ 전문가로서의 조언자

고객의 문제를 진단하고 해결책을 제시하는 의사 같은 존재

예_ "고객님의 상황에 가장 적합한 제품을 추천해드릴게요."

❷ 인터뷰어나 기자

고객의 관심사와 이야기를 끌어내는 탐구자

예_ "요즘 가장 필요하다고 생각하시는 건 무엇인가요?"

❸ 솔직한 협력자

고객과 함께 문제를 해결해나가는 팀원

예_ "우리 함께 이 문제를 해결해봅시다."

❹ 가족 같은 조력자

고객의 관점에서 진심으로 공감하고 도움을 주는 형제나 자매 같은 존재

예_ "저도 비슷한 경험을 했는데, 이게 정말 효과적이었어요."

⑤ 코치나 멘토

고객이 스스로 답을 찾도록 끌어주는 존재

예_ "이 옵션 중에서 고객님께 가장 잘 맞는 걸 골라 보시는 건 어떨까요?"

⑥ 유머러스한 동료

고객과 긴장을 풀고 편안한 대화를 나누는 친구 같은 존재

예_ "요즘 이게 인기라서 다들 재밌게 사용하시더라고요!"

⑦ 데이터 중심 분석가

숫자와 정보를 기반으로 설득하는 논리적 전문가

예_ "이 제품은 타사 대비 20% 더 효율적입니다."

⑧ 영업 사원 본연의 모습

판매에 초점을 맞추는 솔직하고 현실적인 접근

예_ "솔직히 고객님께는 이 제품이 가장 가성비가 좋습니다."

⑨ 감정적인 공감자

고객의 감정을 이해하고 진심으로 위로하거나 격려하는 존재

예_ "이걸로 고객님 고민이 조금이라도 줄어들면 좋겠어요."

⑩ 해결책을 찾아주는 서포터

고객의 상황을 빠르게 파악하고 해결책을 제시하는 조력자

예_ "이 상황에서는 이 옵션이 딱 맞습니다."

⑪ 길잡이

고객이 길을 잃지 않도록 이끄는 존재

예_ "다음 단계는 이렇게 진행하면 좋을 것 같아요."

⑫ 친절한 안내자

고객의 입장을 배려하며 세심한 설명을 제공하는 존재

예_ "혹시 이해가 안 되시는 부분이 있으면 언제든 말씀해주세요."

⑬ 영감 주는 이야기꾼

자신의 경험을 공유하며 고객의 신뢰를 얻는 존재

예_ "이 제품을 쓰고 나서 제 삶도 많이 달라졌습니다."

⑭ 낯선 이에게 다가가는 설득자

처음 만나는 고객에게도 신뢰를 주는 능숙한 대화 상대

예_ "첫 만남이지만 고객님께 꼭 맞는 제안을 하고 싶습니다."

⓯ 솔직 담백한 파트너
숨김없이 자기 생각과 의도를 전달하는 정직한 존재
예_ "이건 제가 보기에 최선입니다."

자신에게 익숙한 존재라면 굳이 관계를 설정하는 연습을 하지 않아도 된다. 하지만 낯선 상대라면 세일즈 리허설을 통해 이 설정을 장착해야 한다. 등산을 갈 때는 등산복, 파티를 갈 때는 파티복, 잠을 잘 때는 잠옷이 필요하듯 고객을 대할 때도 다양한 존재를 입어야 한다. 뻔한 한두 가지 존재에만 익숙한 영업 사원은 단벌 신사와 같다. 상황과 고객에 맞춰 자신의 존재를 입체적으로 선택하는 요령을 세일즈 리허설을 통해 미리 익힐 수 있다.

chapter 04

어떤 행동을 교정할 것인가

리허설의 목표를 설정하기 위해 짚어야 할 마지막 질문은 '개선하고 싶은 구체적인 행동이 무엇인가'이다. 자신의 강점과 약점을 분석하고, 특정 행동을 의도적으로 준비하는 것이다. 특히 일상에서 잘 안되는 행동을 연습하는 실험 정신과 용기가 필요하다.

프랑스의 소설가 앙드레 지드André Gide는 "인간은 익숙한 것에 안주하며, 그 안주 속에서 더 이상 배우지 않는다"라고 말했다. 성장하기 위해서는 익숙한 틀에서 벗어나 새로운 시도를 해야 한다. 이는 불편하고 어색한 일이지만 바로 그 불편함 속에 성장의 씨앗이 숨어 있다. 사용해본 적 없는 상담 기법은 바로 적용하기 어렵다. 그래서 실제 고객보다는 세일즈 리허설에서 실험하고 자신의 스타일에 맞게 변형해서 장착해야 한다.

세일즈 리허설에서 키워야 할 기량 목표를 다음과 같이 세울 수 있다.

- 고객의 저항을 자연스럽게 탐색하는 질문하기
- 대화의 흐름을 부드럽게 유지하면서도 명확하게 클로징하기
- 고객의 진짜 니즈를 파악하기 위해 경청 스킬을 강화하기
- 고객의 말에 더 효과적으로 공감하기
- 고객이 횡설수설 말해도 집중력을 유지하고, 고객의 니즈를 놓치지 않기
- 결정적인 순간에 강력하게 클로징하기

친밀감 형성 및 구매 의사 파악

신뢰 없이는 성사도 없다

고객은 낯선 사람에게 지갑을 쉽게 열지 않는다. 상담에서 가장 먼저 해야 할 일은 제품 설명이 아니라, 고객과의 신뢰를 쌓는 것이다. 고객이 편안함을 느끼고 대화를 지속할 수 있어야 본격적인 상담이 시작된다. 하지만 이 단계를 소홀히 하거나, 지나치게 가벼운 태도로 접근해 신뢰를 잃는 경우가 많다. 농담으로 친해지는 사람, 정중함으로 신뢰를 얻으려는 사람, 고객에게 질문하고 칭찬하면서 친해지려는 사람 등 각자 필살기가 다르다. 하지만 이 모든 필살기는 고객 분위기와 상담 맥락에 따라 다채롭게 구현되어야 의미가 있다.

이를 위해서는 영업 사원이 고객의 분위기에 부합하는 초반 신뢰

를 형성했는지를 관찰하고 피드백하는 리허설을 해야 한다. 고객의 관심사를 자연스럽게 끌어냈는지, 고객이 거리감을 느끼지 않도록 분위기를 조성했는지, 형식적인 인사가 아니라 진정성 있는 태도로 대화를 시작했는지를 관찰한다. 이 리허설을 통해 영업 사원은 고객과의 신뢰를 형성하고, 이후의 상담을 더 자연스럽고 효과적으로 끌어나갈 수 있다.

- **고객 관심사 탐색**: 고객이 어떤 성향인지, 어떤 니즈를 갖고 있는지 자연스럽게 파악하는 연습
- **아이스 브레이킹 기술**: 고객이 긴장하지 않도록 편안한 분위기를 만드는 연습
- **공감과 경청 기술**: 고객의 반응을 세심하게 읽고, 고객의 언어로 소통하는 연습

거절 및 구매 장애 요인 파악
숨겨진 진짜 이유를 찾는다

고객이 "관심 없어요"라고 말한다고 상담이 끝나는 것은 아니다. 많은 경우 고객은 구매를 망설이는 숨은 이유를 가지고 있지만, 그것을 직접

표현하지 않는다. 너무 비싼 가격 때문인지, 제품이 필요 없다고 생각하는지, 혹은 경쟁 제품과 비교하고 있는지를 파악해야 한다.

장애 요인을 간파하고 꿰뚫어내는 스킬을 개발하겠다고 목표를 설정했다면 고객의 거절 이유를 정확히 찾아내려 노력했는지를 평가해야 한다. 고객의 표면적인 거절을 듣고 바로 포기했는가? 아니면 추가 질문을 던져 고객의 숨은 고민을 끌어냈는가? 설득이 아니라 이해하려는 노력이 있었는지가 핵심이다. 이 리허설로 영업 사원은 두렵지만 숨은 의도를 파악하기 위해 질문하고, 고객 반응을 읽고 그에 맞추는 고도의 심리전을 준비할 수 있다.

- **추가 질문 기법**: 고객의 거절 이유를 파악하기 위한 개방형 질문과 유도 질문 연습
- **장애 요인 해결**: 고객의 망설임을 해소할 수 있는 논리적 접근법 연습
- **고객 심리 분석**: 고객이 거절하는 이유를 고객 입장에서 생각하고 대응하는 연습

의사결정 촉구와 판매 성사

강요 없이 결정을 끌어낸다

영업 사원들이 선배에게 제일 많이 듣는 피드백이 "클로징이 약하다"이다. 클로징이 약한 사람도 유형이 다 다르다. 고객이 망설이거나 거절 신호를 보내면 지레 물러나는 유형, "나중에 다시 연락드릴게요"라며 구체적인 다음 단계(미팅 일정, 결제 시점 등)를 설정하지 못하는 유형, "맞아요, 이건 좀 비싸죠…"라며 고객의 상황에 너무 깊이 공감한 나머지 스스로 포기하는 유형, 자신도 부담을 느껴 결정적 순간에 "한번 더 생각해보시죠"라며 한 발짝 물러서는 유형, 지나치게 많은 정보와 논리로 설명하려다 정작 클로징 타이밍을 놓치는 유형, 고객이 결정을 내리도록 압박을 줘야 할 시점에 "천천히 고민해 보세요"를 남발하며 구매 결정을 유도하지 못하는 유형 등 다양하다. 이 유형들은 집중해야 할 개선 행동이 각각 다르다. 자신의 패턴을 알고 무엇을 집중적으로 개발해야 할지를 선택해야 한다.

 클로징을 연습하는 세일즈 리허설에서는 영업 사원이 고객의 망설임을 해소하고, 적절한 시점에 결정을 촉구했는지를 평가한다. 고객이 고민할 때 어떤 질문을 던졌는가? 마무리 단계에서 확신을 주는 발언을 했는가? "오늘 결정하면 이런 혜택이 있습니다"와 같은 기계적인 멘트가 아니라 고객의 니즈에 맞춘 설득을 했는지가 관건이다. 이 리허설을 통해 영업 사원은 고객의 심리적 부담을 최소화하며 자연스럽게 구매 결정을 유도하고 상담의 성과를 극대화할 수 있다.

- **결정 유도 대화법**: 고객의 결정을 도울 수 있는 유도형 질문과 마무리 연습
- **구매 확신 제공 기법**: 고객이 신뢰를 바탕으로 선택할 수 있는 심리적 요소 활용 연습
- **마무리 피드백**: 상담 마무리 단계에서 고객의 마지막 망설임을 해소하는 대화법 연습

프리미엄 기능 추가

필요를 욕망으로 바꾼다

고객은 정보가 많지 않기 때문에 기본 사양이면 된다고 생각한다. 그래서 영업 사원이 고객 상황에 맞춘 프리미엄 옵션을 추천해야 한다. 여기서 중요한 것은 단순한 업셀링Up-selling이 아니라 고객의 숨겨진 욕구를 자극하는 것이다. 처음에는 생각하지 못한 기능이지만, '이게 있으면 더 좋겠다'는 마음이 들게 만들어야 한다.

이를 연습하는 세일즈 리허설에서는 프리미엄 옵션을 나열하는 데

그치지 않고, 고객의 라이프스타일과 연결하는지를 평가해야 한다. 단순한 제품 설명에서 벗어나 고객의 상황을 예측하고 맞춤형 제안을 했는가? 고객이 자신의 필요를 새롭게 인식하도록 유도했는가? 단순히 '더 비싼 옵션이 좋다'가 아니라, '이 옵션이 있으면 더 만족스러울 것이다'라는 감정을 불러일으켰는지가 관건이다. 이 리허설을 통해 고객이 더 좋은 선택을 하도록 돕고, 상담 과정에서 프리미엄 기능을 포함한 기회를 만들어 매출을 높일 수 있다.

- **고객 니즈 파악**: 고객이 가진 문제나 목표를 파악하고, 이를 해결할 수 있는 프리미엄 기능의 가치를 강조하는 연습
- **업셀링 스크립트**: 고객이 자연스럽게 추가 기능에 관심을 두도록 유도하는 대화법 연습
- **가치 중심의 설명 방식**: 단순한 기능 나열이 아니라, 프리미엄 기능이 고객에게 어떤 실질적인 혜택을 줄 수 있는지를 강조하는 대화법 연습

거래량 확대 및 객단가 높이기

더 큰 기회를 만든다

한 번의 거래가 끝이 아니다. 고객이 한 개를 살 수도 있지만, 두 개를

살 수도 있다. 더 나아가 대량 구매를 고려할 수도 있다. 하지만 대부분의 영업 사원은 추가 구매를 자연스럽게 유도하는 방법을 모른다. 세일즈 리허설을 통해 자연스럽게 추가 구매를 제안하는 연습을 해야 한다. 추가 구매를 유도하는 질문을 했는가? 할인을 강조하는 대신, 고객의 실제 필요를 기반으로 거래량을 확대하려 했는가? 단순히 "더 사세요"가 아니라, 고객이 자발적으로 더 구매하고 싶게 만드는 접근법이 핵심이다. 이 리허설을 통해 영업 사원은 고객의 만족도를 높이면서도 객단가를 상승시키고, 더 나은 매출을 창출할 수 있다.

- **추가 구매 유도 대화법**: 고객이 자연스럽게 더 많은 구매를 고려하도록 유도하는 질문 연습
- **거래량 확대 전략**: 프로모션이 아닌 고객의 실질적인 필요를 기반으로 거래를 확장하는 연습
- **고객 구매 패턴 분석**: 고객의 행동 데이터를 기반으로 추가 구매를 유도하는 맞춤형 접근법 연습

추가 연계 상품 크로스셀링

고객의 지갑을 여는 심리적 트리거

고객이 한 가지 제품을 구매하려 할 때, 추가로 구매할 수 있는 연계 상품을 함께 추천하는 것은 가장 자연스러운 매출 증대 전략이다. 하지만 "이 제품도 같이 사세요"라고만 말하기보다는 고객이 추가 상품의 가치를 직접 느낄 수 있게 만들어야 한다. 고객이 스스로 '이 제품과 함께 사용하면 더 좋겠다'라고 생각하도록 유도하는 것이 핵심이다.

이를 위해서는 영업 사원이 고객의 주요 관심 제품과 관련한 상품을 자연스럽게 제안하는 세일즈 리허설을 해야 한다. 패키지 할인 소개뿐만 아니라 고객의 사용 환경을 고려해 "이 제품과 함께 사용하면 만족도가 높아집니다"라는 논리적 접근을 하는지가 관건이다. 고객이 추가 구매를 부담스럽게 느끼지 않도록 필요성을 먼저 인식시킨 후 결정을 유도하는 것이 중요하다. 이러한 준비를 통해 영업 사원은 고객의 만족도를 높이면서 자연스럽게 연계 판매 기회를 창출할 수 있으며, 결과적으로 고객의 신뢰와 장기적인 충성도를 확보할 수 있다.

- **고객의 라이프스타일 분석**: 고객이 구매하는 제품의 실제 사용 환경을 파악하고, 어떤 추가 상품이 적절한지 판단하는 연습
- **크로스셀링 스크립트 리허설**: 단순한 추가 판매가 아니라 고객의 구매

경험을 향상시키는 방식으로 연계 상품을 소개하는 대화법 연습
- **맞춤형 추천 전략**: 모든 고객에게 동일한 추가 상품을 추천하는 것이 아니라 개별 고객의 니즈에 맞춰 적절한 상품을 선택해 제안하는 연습

영업 상담에서 중요한 것은 "얼마나 설득력 있게 말하느냐"가 아니라, "고객의 심리 상태를 얼마나 정확히 읽고, 그에 맞는 목표를 설정해 접근하느냐"에 달려 있다. 판매는 성공의 기준이 아니라, 올바른 판단과 대응이 만들어낸 자연스러운 결과일 뿐이다. 아직 준비되지 않은 고객을 성급하게 설득하면 다시는 연락이 닿지 않을 수 있다. 반대로 이미 구매 의사가 어느 정도 있는 고객인데도 관계부터 차근차근 쌓자는 식으로 접근하면 결정의 타이밍을 놓친다.

영업 상담의 진짜 성공은 고객을 간파하고 상황에 맞는 '최적의 목표'를 설정한 뒤, 그 목표를 실현하려 노련함을 발휘하는 데 있다. 세일즈 리허설은 바로 이런 노련함을 기르는 시간이다.

스포츠 선수들이 반복 훈련을 통해 특정 기술을 다듬듯이, 의식적인 반복과 피드백으로 행동의 디테일을 개선할 수 있다. 이렇게 행동을 바꾸면 태도와 사고방식도 점점 재구성되기 시작한다. 행복해서 웃는 게 아니라 웃다 보니 행복해지는 것과 같은 이치다. 세일즈 리허설의 진정한 가치는 무작정 한번 해보는 것이 아니라, 핵심에 집중한 연습에서 나온다. 영업 목표, 관계 설정, 교정 행동 선택을 명확히 하고

나면 다음과 같은 효과를 얻을 수 있다.

- 필요한 부분에 에너지를 분산하지 않고, 실제 성장에 필요한 부분에 집중할 수 있다.
- 관찰자와 코치는 막연한 칭찬이 아닌, 목표에 맞춘 구체적인 피드백을 제공할 수 있다.
- 반복할수록 작은 개선들이 축적되어 실제 영업 상황에서 자신감과 유연성을 발휘할 수 있다.

요즘처럼 누구나 무언가를 시도하는 시대에는 '하는 것'보다 '어떻게 하느냐'가 차이를 만든다. 의미 없는 반복은 금방 한계에 부딪히지만, 명확한 목표와 피드백을 기반으로 한 시도는 눈에 띄는 성장을 만들어낸다. 무작정 달리는 게 아니라 방향을 알고 달릴 때 비로소 속도가 힘을 발휘한다.

PART 4

행동을 디자인하라

: 세일즈 리허설 성공 법칙 2

철저히 설계해야 한다

고객과의 만남은 마치 한 번의 스윙으로 승패가 갈리는 골프 같다. 손목의 미세한 각도, 스탠스, 힘의 배분이 공의 방향을 완전히 바꾸듯이 세일즈도 작은 말투와 표현 하나가 성패를 결정한다. 문제는 영업 사원이 자신의 작은 행동까지 섬세하게 모니터링하고 성찰하지 않는 데 있다. 고객을 만나면 고객에게 집중하고, 사무실에 돌아오면 실적에 집중한 나머지 자신을 되돌아볼 겨를이 없다. 미세하게 어긋난 지점이 어딘지 모른 채 세월이 흘러 굳어지면 개선할 방도를 찾기가 어렵다.

여든 살이 되어도 실천하기 어려운 것이 바로 습관을 바꾸는 일이다. 사람은 늘 하던 대로 행동하고 익숙한 방식으로 말하는 경향이 있다. 새롭게 해보겠다고 마음은 먹지만, 막상 고객 앞에 서면 예전 방식으로 돌아가게 된다. 과거의 성공 경험이 오히려 새로운 시도를 가로막는 족쇄가 되곤 한다.

습관을 바꾸려면 무작정 반복할 것이 아니라, 세심히 계획한 행동을 의식적으로 해보고 수정하고 다시 하며 되짚는 과정이 필요하다. 리허설은 이미 자리 잡은 나쁜 습관을 없애고, 앞으로 생길 나쁜 습관을 미리 차단하며, 기존의 강점을 새롭게 키우기 위한 일이다. 이 목적을 이루기 위해서는 고객 시나리오, 기본 스크립트, 거절 극복 스크립트가 필요하다. 이 세 가지는 굳은 습관을 흔들고 새로운 가능성에 불을 붙이는 불쏘시개 역할을 할 것이다.

❶ 고객 시나리오

고객이 어떤 상황에서 어떤 니즈를 가지고 있을지를 구체적으로 설정한 것이다. 고객 시나리오가 없으면 상담이 막연해지고, 실제 고객의 반응과 동떨어진 리허설이 된다.

❷ 기본 스크립트

기본 스크립트는 고객에게 전할 메시지의 요지를 정리하고, 자연스러운 흐름을 설계하는 대화의 지도다. 세일즈는 겉보기엔 즉흥적인 대화처럼 보이지만, 그 안에는 분명한 방향과 목적지가 있다. 기본 스크립트 없이 리허설을 진행하면 핵심이 빠진 산만한 대화만 이어질 위험이 크다.

❸ 거절 극복 스크립트

거절 극복 스크립트는 고객이 보일 수 있는 다양한 거절 반응에 어떻게 대응할지를 사전에 준비하는 전략 도구다. 세일즈 과정에서 거절은 피할 수 없는 현상이며, 그 순간 어떻게 반응하느냐에 따라 성패가 갈린다. 여기서 중요한 건 매번 써왔던 익숙한 설득 논리를 반복하지 않는 것이다. 거절 유형에 따라 플랜 A, 플랜 B처럼 다양한 대응 전략과 리드 방안을 미리 준비해야 예상치 못한 상황에 유연하게 대응할 수 있다.

고객 시나리오

 멋진 사진을 보면 그림 같다고 하고, 멋진 그림을 보면 사진 같다고 한다. 세일즈 리허설 상대는 실제 고객처럼 대하고, 실제 고객은 세일즈 리허설 상대처럼 대해야 한다.

 고객 시나리오란 세일즈 리허설에서 활용하는 가상 고객의 프로필과 세일즈 상황을 스토리 형태로 구성한 도구다. 고객의 직업, 나이, 성격, 니즈, 영업 사원에 대한 반응, 거절 이유 등을 구체적으로 정의해 몰입감을 높이고 실전을 대비하도록 설계한다.

 고객 시나리오는 리얼리티를 높이는 것이 관건이다. 고객의 실제 반응을 예측하지 못하거나, 비현실적인 반응을 보이면 실전에 도움이 되지 않는다. 이는 축구 선수가 상대 팀 수비수 없이, 또는 상대 팀과는 전혀 다른 상대와 연습 경기를 하는 것과 같다. 실전에서는 압박이 심한데 연습은 방해 요소 없이 편하게만 한다면 그 연습은 효과를 거두기 어렵다. 그래서 세일즈 리허설 자체를 실전에 가깝게 설계하는 것이 중요하다. 실제 고객 데이터를 바탕으로 시나리오를 구성하고 고객 역할을 맡은 동료에게 최대한 현실적인 반응을 요구해야 한다.

시나리오 작성 방식 설정

고객 시나리오는 세일즈 리허설의 현실감을 높이는 중요한 요소이며, 누가 작성하고 어떻게 활용할지에 따라 그 효과가 달라진다. 시나리오는 크게 두 가지 방식으로 작성할 수 있다. 첫 번째는 영업 사원이 직접 시나리오를 작성하고 이를 고객 역할을 맡은 사람에게 제공하는 방법이다. 두 번째는 영업 사원이 기본적인 고객 정보를 제공한 후 고객 역할을 맡은 사람이 이를 기반으로 상상하여 즉흥으로 연기하는 방법이다. 각각의 방법에는 고유한 장단점이 있으며 활용 시 주의가 필요하다.

영업 사원이 직접 시나리오를 작성할 때 가장 큰 장점은 영업 사원이 고객에 대해 깊이 생각할 기회를 얻을 수 있다는 점이다. 자신이 실제로 만나게 될 고객의 특성과 상황을 미리 분석하고 그들의 고민과 의사결정 과정을 상상하면서 대응 전략을 준비할 수 있다. 이를 통해 고객의 반응을 예측하고 더욱 철저히 대비해 리허설을 진행할 수 있다. 또한 자신이 설정한 시나리오를 기반으로 연습하기 때문에 리허설 과정에서 더 집중력 있게 대화 흐름을 만들어갈 수도 있다.

그러나 이 방식에는 단점도 있다. 영업 사원이 설정한 고객의 반응이 '실제 고객의 반응과 다를 가능성'이 그것이다. 영업 사원이 무의식 중에 자신이 예상하는 범위 안에서만 고객의 반응을 설계하면, 실제 영업 상황에서 예상치 못한 거절이나 질문이 나왔을 때 당황할 수 있다. 또한 영업 사원이 자신에게 유리한 방향으로 시나리오를 짜면 리허설이 현실적인 연습이 아니라 단순한 대본 연습이 될 가능성도 있다. 따라서 고객의 다양한 반응을 충분히 고려하여 작성해야 하며, 누구나 예측할 수 있는 상황만 설정하지 않도록 유의해야 한다.

반면에 고객 역할을 맡은 사람이 기본적인 정보만 제공받고 즉석에서 고객의 반응을 연기하는 방식은, 보다 현실적인 연습을 가능하게 한다. 영업 사원이 예상하지 못한 상황이 연출되기 때문에 즉흥적으로 대응하는 능력을 기를 수 있으며 실전과 유사한 긴장감을 경험할 수 있다. 고객 역할을 맡은 사람이 거절 이유나 질문을 창의적으로 던지면 영업 사원은 빠르게 사고를 전환하여 대응해야 하며, 이는 실제 고객과의 대화에서 유연하게 대처하는 능력을 키우는 데 매우 효과적이다.

그러나 이 방식 역시 몇 가지 단점이 있다. 고객 역할을 맡은 사람이 실제 고객의 특성과 고민을 잘 이해하지 못하면 현실성이 떨어질 수 있다. 또한 고객 역할을 맡은 사람이 무작위로 어려운 질문을 던지거나, 실제 영업 상황에서는 거의 발생하지 않을 극단적인 반응을 보이면 리허설이 지나치게 비현실적인 방향으로 흐를 수도 있다. 이 방식을 선택하려면 고객 역할을 맡은 사람에게 최소한의 고객 정보와 가이드라인을 제공하여 실제 영업 현장에서 일어날 법한 시나리오를 연출할 수 있도록 조정하는 것이 중요하다.

결국 가장 효과적인 방법은 두 가지 방식을 적절히 조합하여 활용하는 것이다. 영업 사원이 직접 시나리오를 작성하여 고객을 분석하는 과정을 경험한 후, 고객 역할을 맡은 사람이 자유롭게 추가적인 변수를 던지면서 리허설을 진행하면 더욱 현실감 있게 연습할 수 있다. 이를 통해 영업 사원은 사전 준비 능력과 즉흥 대처 능력을 동시에 키울 수 있다.

고객 상황 설정

세일즈 리허설의 리얼리티를 높이려면 고객이 실제로 어떤 상황에 처해 있는지 구체적으로 설정하는 것이 중요하다. 이를 위해 고객 시나리오에는 세 가지 핵심 요소가 포함되어야 한다. 첫 번째 요소는 고객의 배경과 맥락, 심리와 성격이다. 고객이 누구인지, 어떤 환경에 놓여 있는지를 설정하는 것은 리허설에 현실감을 불어넣는 기초 작업이다.

예를 들어 '한 중소기업의 40대 경영자'는 '경쟁사들이 최신 솔루션을 도입하는 상황'에서 '위기감'을 느끼고 있을 수 있다. 그는 '변화'를 원하지만 동시에 비용 부담과 조직 내 반발에 대한 '두려움'도 있다. 또한 '논리적'으로 의사결정을 내리는 성향이지만, '감성적'인 요소에도 영향을 받을 수 있다. 이러한 설정이 있으면 세일즈 담당자는 고객이 느끼는 위기감과 기대를 모두 고려한 설득 전략을 연습할 수 있다.

두 번째 요소는 고객이 제품이나 서비스에 대해 가지고 있는 니즈와 관심사, 현재 겪고 있는 불편함이다. 고객이 원하는 게 무엇이고, 무엇 때문에 기존의 방식에 불만을 느끼고 있는지를 파악하면 더 효과적인 대응을 연습할 수 있다. 예를 들어 해당 경영자가 사용하고 있는 '기존 시스템이 느리고 데이터가 분산되어 있어서 업무 효율이 떨어지는 것'이 주요 불편 사항이라면, 영업 사원은 이를 해결할 수 있는 솔루션의 장점을 강조하는 방식으로 접근해야 한다. 또한 고객이 '최신 기술이 적용된 제품이면서도 직원들이 쉽게 적응할 수 있는' 제품에 관심 있다면, 그에 맞춰 제품의 사용자 친화성과 간편한 도입 과정을 강조할 수 있다.

마지막 요소는 고객이 구매 결정을 내리는 과정에서 발생하는 거절 사유와 갈등이다. 고객이 결정을 미루거나 거절하게 되는 이유를 예측하고, 이에 대한 해결책을 마련하는 것이 중요하다. 예를 들어 '비용 부담'으로 결정을 망설이고 있다면, 단순히 가격을 낮출 것이 아니라 '장기적으로 비용을 절감할 수 있는 구조'를 제안하는 것이 효과적일 수 있다. 또한 고객의 의사결정 과정 중 재무팀이나 IT팀과 같은 협력 부서의 '내부 반대'가 예상된다면 세일즈 담당자는 이들이 우려하는 부분을 미리 분석하고 적절한 대응 논리를 준비해야 한다. 구매를 주저하는 고객 내면의 갈등까지 이해하고 접근하면 고객이 신뢰할 수 있는 세일즈 프로세스를 구축할 수 있다.

이처럼 고객 시나리오를 만들 때는 고객의 배경과 심리, 상품에 대한 니즈와 관심사, 구매 결정을 가로막는 장애 요소들을 현실적으로 설정하는 것이 중요하다. 이를 기반으로 한 세일즈 리허설은 단순한 대화 연습이 아니라 실제 상황에서 발생할 수 있는 다양한 변수에 대비책을 마련하는 과정이 된다. 준비가 철저할수록 실제 고객과의 상담에서 더욱 자연스럽고 효과적인 대응이 가능해지며, 이는 결국 성과로 이어질 확률을 높인다.

고객 시나리오 예제

✱ 관심 부족형
- **직업** 프리랜서 디자이너
- **나이·성별** 29세·여성
- **외모·말투** 캐주얼한 복장·무심한 표정과 담백한 말투
- **거절 표현** "딱히 관심 없어요."
- **맥락** 제품이나 서비스의 필요성을 느끼지 못함
- **심리** 무관심하거나 우선순위에서 제외한 상태
- **성향** 제품이나 서비스에 대한 흥미를 전혀 보이지 않음

✱ 가격 민감형
- **직업** 대학생
- **나이·성별** 22세·남성
- **외모·말투** 캐주얼한 복장·빠른 말투
- **거절 표현** "가격이 너무 비싸요."
- **맥락** 예산이 한정되어 가격이 구매 결정의 핵심 요소임
- **심리** 가성비를 중요시함
- **성향** 가격에 민감함

✱ 정보 과부하형
- **직업** 마케팅 매니저

나이·성별	35세·여성
외모·말투	스마트한 정장·늘 피곤한 표정
거절 표현	"정보가 너무 많아서 헷갈려요."
맥락	여러 옵션을 비교하느라 결정하지 못함
심리	피로감과 혼란
성향	쉽게 결정을 내리지 못함

* 긴급 요청형

직업	IT 개발자
나이·성별	31세·남성
외모·말투	편안한 복장·급한 말투
거절 표현	"시간이 없어요. 빨리해주세요."
맥락	긴급한 상황에서 빠른 해결책을 원함
심리	조급함
성향	빠른 대응을 선호함

* 보수적 회의형

직업	변호사
나이·성별	45세·남성
외모·말투	정장 차림·신중한 말투
거절 표현	"이게 진짜 효과가 있나요?"
맥락	신뢰할 수 없는 제품이나 서비스에 대한 회의
심리	불신과 의심

| 성향 | 신뢰를 중시함

✱ 권위 의존형

| 직업 | 공무원
| 나이·성별 | 40세·여성
| 외모·말투 | 단정한 복장·엄격한 말투
| 거절 표현 | "상사에게 물어봐야 해요."
| 맥락 | 스스로 결정하기 어려워 상사나 전문가의 의견을 참고함
| 심리 | 책임 회피
| 성향 | 권위에 의존함

✱ 과거 경험형

| 직업 | 전직 판매원
| 나이·성별 | 38세·남성
| 외모·말투 | 편안한 복장·단호한 말투
| 거절 표현 | "전에 써봤는데 별로였어요."
| 맥락 | 부정적 경험으로 인한 회피
| 심리 | 실망감과 경계심
| 성향 | 과거 경험에 영향을 받음

✱ 유행 추종형

| 직업 | SNS 인플루언서
| 나이·성별 | 26세·여성

- 외모·말투   트렌디한 스타일·밝은 말투
- 거절 표현   "이거 요즘 유행하는 거 맞나요?"
- 맥락   유행에 민감하며 최신 트렌드를 따름
- 심리   유행에 뒤처지기 싫어함
- 성향   트렌드를 중시함

✱ 비교 집착형

- 직업   회계사
- 나이·성별   33세·남성
- 외모·말투   깔끔한 복장·분석적인 말투
- 거절 표현   "다른 제품이랑 비교해봐야겠어요."
- 맥락   항상 여러 제품을 비교하고 최선을 선택하려 함
- 심리   완벽주의
- 성향   분석적이고 비교를 잘함

✱ 자율성 강조형

- 직업   스타트업 CEO
- 나이·성별   37세·여성
- 외모·말투   세련된 복장·독립적인 말투
- 거절 표현   "제가 알아서 결정할게요."
- 맥락   타인의 간섭 없이 스스로 선택하고 싶어함
- 심리   자율성을 중시함

| 성향 | 독립적임

* 감정적 반응형

| 직업 | 작가
| 나이·성별 | 30세·여성
| 외모·말투 | 자유분방한 복장·감정이 풍부한 말투
| 거절 표현 | "느낌이 별로 안 좋아요."
| 맥락 | 논리보다 감정에 따라 결정함
| 심리 | 감정 중심
| 성향 | 직관적이고 감성적

* 의심 많은 탐색형

| 직업 | 기자
| 나이·성별 | 34세·남성
| 외모·말투 | 편안한 복장·날카로운 질문
| 거절 표현 | "정말 믿을 수 있는 건가요?"
| 맥락 | 정보를 깊이 탐색하고 검증함
| 심리 | 불신과 호기심
| 성향 | 검증에 집중함

* 복잡성 회피형

| 직업 | 소기업 사장
| 나이·성별 | 50세·남성

| 외모·말투 | 단정한 복장·간결한 말투
| 거절 표현 | "너무 복잡해서 싫어요."
| 맥락 | 단순하고 직관적인 해결책 선호
| 심리 | 복잡성에 대한 피로감
| 성향 | 단순한 솔루션을 선호함

✱ 시간 부족형

| 직업 | 직장인
| 나이·성별 | 28세·여성
| 외모·말투 | 바쁜 모습·단답형
| 거절 표현 | "시간 없어요."
| 맥락 | 일정이 바빠서 여유가 없음
| 심리 | 효율성과 속도를 중시함
| 성향 | 빠른 정보 전달을 선호함

✱ 완벽주의형

| 직업 | 연구원
| 나이·성별 | 41세·남성
| 외모·말투 | 깔끔한 복장·꼼꼼한 말투
| 거절 표현 | "뭔가 좀 부족한 것 같아요."
| 맥락 | 높은 기준과 기대
| 심리 | 세부 사항에 집착함
| 성향 | 완벽함을 추구함

⁎ 의견 지배형

- 직업　팀장
- 나이·성별　36세·여성
- 외모·말투　강한 인상·명확한 언어
- 거절 표현　"제 방식이 더 나아요."
- 맥락　자신의 의견이 최선이라고 믿음
- 심리　자신감과 통제 욕구
- 성향　자신의 의견을 고수함

⁎ 보상 기대형

- 직업　서비스직 종사자
- 나이·성별　32세·남성
- 외모·말투　정중한 태도·기대 섞인 말투
- 거절 표현　"이득이 없으면 굳이…."
- 맥락　구매나 행동에 대한 보상 기대
- 심리　거래적 사고
- 성향　보상에 민감함

⁎ 경험 중시형

- 직업　여행가
- 나이·성별　29세·여성
- 외모·말투　자유로운 복장·생동감 있는 말투
- 거절 표현　"직접 경험해봐야 알겠어요."

- 맥락 : 직접 체험을 통해 결정하고 싶음
- 심리 : 호기심과 탐험 욕구
- 성향 : 체험 중심

* 무관심 회피형
- 직업 : 엔지니어
- 나이·성별 : 39세·남성
- 외모·말투 : 무표정·단답형
- 거절 표현 : "관심 없어요."
- 맥락 : 관심이 없어서 만남을 피하고 싶음
- 심리 : 거리 두기
- 성향 : 본인의 관심사 외에는 신경 쓰지 않음

* 불신 기반형
- 직업 : 투자자
- 나이·성별 : 48세·여성
- 외모·말투 : 날카로운 눈빛·분석적인 말투
- 거절 표현 : "믿을 수가 없네요."
- 맥락 : 과거의 사기 경험으로 인한 불신
- 심리 : 방어적 태도
- 성향 : 신뢰 구축이 필요함

고객 시나리오 체크 리스트

☐ **현실성**
고객의 성격, 직업, 반응 패턴이 실제 상황과 얼마나 유사한가?

☐ **구체성**
고객의 직업, 나이, 관심사, 주요 니즈와 거절 사유를 구체적으로 설정했는가?

☐ **스토리 구조**
고객의 단순한 특성이 아니라 도전 플롯, 연결 플롯, 창의성 플롯 등 스토리 구조를 활용해 몰입감을 높였는가?

☐ **다양성**
고객의 유형, 성격, 거절 방식 등을 다양하게 설정해 여러 시나리오를 경험할 수 있도록 설계했는가?

☐ **목표 중심**
시나리오의 목표를 명확히 설정했는가?

☐ **감정적 반응 포함**
긴장, 당황, 자신감 상승 등 영업 사원이 다양한 감정을 느낄 수 있도록 설계했는가?

기본 스크립트

세일즈 리허설에는 일석삼조의 효과가 있다. 준비하면서 전략을 고도화하고, 직접 하면서 습관을 바꾸고, 피드백을 받으면서 새로운 관점을 확장할 수 있다. 고객의 반응을 예측하고 새로운 접근 방식을 실험하며 다양한 관점으로 자신을 객관화하는 시간인 것이다.

리허설을 더 가치 있는 시간으로 만들기 위해서는 스크립트가 필요하다. "지금 통화 가능하신가요?"라는 말을 "잘 지내셨나요?"로 바꾸는 것만으로도 통화 성공 확률이 660% 높아진다는 실험 결과가 있다. "제가요"에서 "우리가"로 주어를 바꾸기만 해도 상담이 다른 방향으로 전개된다. 어떤 단어와 순서로 대화를 이어갈지 미리 구상하는 것이 바로 스크립트다.

무대에 서는 배우도 철저히 준비된 대본을 기반으로 연기한다. 즉흥성은 준비 없는 임기응변이 아니라, 기본 흐름과 구조를 탄탄히 익힌 사람만이 보여줄 수 있는 여유다. 애드리브도 결국은 안정감과 자신감에서 비롯된 결과다. 영업 현장도 마찬가지다. 고객과의 대화가 자연스러워 보이려면 반드시 탄탄한 스크립트와 준비된 메시지가 깔려 있어야 한다.

스크립트를 작성하다 보면 자신의 부족한 부분도 자연스레 깨닫게 된다. 상담 지식이 충분한 줄 알았는데 막상 스크립트를 쓰다 보니 예상치 못한 질문에 막히는 순간이 찾아온다. 그러면 부족한 지식을 보완하고, 보다 명확한 논리로 대화를 구성할 수 있다. 스크립트 작성은 자신의 역량을 확장하는 학습 과정이기도 한 것이다.

스크립트에 지나치게 얽매이는 것도 문제지만 스크립트 없이 무작정 하는 연습으로는 절대 성장할 수 없다.

스크립트가 중요한 이유

❶ 일관된 메시지 전달
상담의 흐름이 즉흥적이면 핵심 메시지를 놓칠 수 있다. 스크립트는 중요 포인트를 빠뜨리지 않고 일관성 있게 전달하는 데 도움을 준다.

❷ 긴장 완화
스크립트는 중요한 상담이나 발표와 같은 긴장 상황에서도 자신감을 유지할 수 있는 안전망이 되어준다.

❸ 전략적 대응

상담 중 예기치 못한 질문이나 반응이 나올 수 있다. 스크립트를 통해 다양한 시나리오를 미리 준비하면 유연하게 대응할 수 있다.

스크립트의 종류

❶ 기본 스크립트

고객의 반응 없이 영업 사원이 해야 할 말만 나열하는 기본적인 대화의 흐름을 담고 있다. 고객의 반응을 고려하지 않고, 처음부터 끝까지 일관된 흐름을 유지하는 것이 중요하다.

❷ 고객 유형별 관계 형성 스크립트

고객의 성향에 맞춰 적절하게 관계를 형성할 수 있는 스크립트. 친밀감을 형성할 수 있도록 개인화된 접근을 하는 것이 핵심이다.

❸ 질문 스크립트

특정 상황에 맞는 질문을 목록화하여 빠르고 정확하게 상황을 파악하고 해결책을 제시하는 스크립트. 각 상황에 맞는 핵심 질문을 제공해 상담을 원활하게 이끈다.

❹ 맞장구 스크립트

고객이 특정 반응을 보였을 때, 그에 적절한 맞장구나 반응을 선택해 고객의 감정을 존중하고 신뢰를 구축하는 스크립트다. 고객의 감정이나 의견을 반영하는 긍정적이고 공감적인 응답이 필요하다.

❺ 테스트 클로징 스크립트

고객이 제품이나 서비스에 긍정적인 반응을 보일 때, 실제 계약이나 구매를 끌어내기 위한 테스트 클로징 기법을 포함한다. 고객이 구매 의향을 보이는지 확인하고 결정적인 질문을 던져 클로징 단계로 이끄는 것이 목표다.

❻ 반론 극복 스크립트

고객이 반론을 제기했을 때 이를 효과적으로 처리하고 반박하는 스크립트다. 고객의 반론에 긍정적인 방식으로 대응하고, 고객이 제시한 문제를 해결하는 방법을 담는다.

스크립트 작성의 핵심 요소

상담 구조

스크립트는 상담의 핵심 구조와 흐름에 맞게 작성한다.

> **도입부**
> 신뢰를 구축하고 대화의 목적을 명확히 한다.

> **문제 파악**
> 고객의 니즈와 문제점을 효과적으로 탐색한다.

> **솔루션 제안**
> 고객의 요구에 맞춘 구체적인 해결책을 제시한다.

> **피드백과 클로징**
> 질문을 통해 고객의 반응을 확인하고, 상담을 긍정적으로 마무리한다.

다양한 구매자 유형

고객을 만날 때마다 매번 스크립트를 새로 작성할 수는 없다. 그래서 유형에 따른 분류가 필요하다. 이 분류는 고객과 어떻게 대화를 전개할지에 대한 기본 틀이 된다. 의사가 몇 가지 주요 증상을 먼저 확인한 후 환자에 따라 다른 처방을 내리는 것처럼, 영업 스크립트 역시 정형화된 답변이 아니라 고객의 성향과 구매 동기에 따라 변형할 수 있어야 한다. 고객의 유형과 니즈는 다양해 보여도 핵심적인 패턴은 일정한 범주 안에 있다. 이를 고려하면 보다 효과적인 대화 전략을 준비할 수 있으며, 더 자연스럽고 설득력 있게 대응할 수 있다.

- 가성비를 중시하는 실용주의 고객
- 감정의 충족을 원하는 감성형 고객
- 데이터와 논리를 중시하는 분석형 고객
- 빠른 결정을 내리는 충동형 고객
- 신뢰를 바탕으로 구매하는 관계 중심 고객

실용주의 고객에게는 "이 제품은 같은 가격대에서 가장 우수한 성능을 제공합니다"라고 말하는 것이 효과적이지만, 감성형 고객에게는 "이 제품은 고객님처럼 세련된 감각을 가진 분들에게 가장 잘 어울립니다"라는 접근이 더 설득력 있다.

분석형 고객이라면 제품의 기능과 성능을 수치로 설명해야 한다. 이를테면 "이 제품은 기존 모델 대비 30% 더 빠른 속도를 제공합니다" 같은 데이터 기반의 설명이 필요하다. 반면에 충동형 고객에게는 시간 제한을 강조하는 "지금 구매하면 추가 혜택을 받을 수 있습니다!" 같은 문구가 효과적이다. 관계 중심 고객에게는 "이 제품은 많은 고객이 만족하며 사용하고 있고, 실제 사용 후기도 보실 수 있습니다" 처럼 신뢰를 기반으로 한 접근이 유리하다. 이처럼 구매자의 유형에 따라 반응하는 메시지가 다르므로, 하나의 스크립트로 모든 고객을 상대하려는 시도는 엉성하다.

chapter 04

기본 스크립트 작성 순서

1단계. 니즈 발굴: 고객의 문제를 이해하는 첫걸음

세일즈 과정에서 니즈 발굴 단계는 상담의 출발점이자 가장 중요한 부분이다. 이 단계에서 고객의 상황과 니즈를 제대로 파악하지 못하면 이후의 제안과 설득은 방향성을 잃는다. 성공적인 상담은 단순히 제품이나 서비스를 소개하는 것이 아니라, 고객의 진짜 필요를 이해하고 그에 맞춘 솔루션을 제시하는 일이다. 더불어 니즈 발굴 단계는 판매의 기술이 아닌 '사람과 사람 사이의 진정한 연결'을 이루는 과정이라고도 할 수 있다. 고객은 의도가 담긴 대화를 직감적으로 알아차린다. 빙빙 겉도는 세일즈, 억지로 전략적인 대화를 이어가려는 모습은 오히려 신뢰를 떨어뜨린다.

따라서 니즈 발굴 단계 스크립트는 고객과의 인간적 연결, 니즈 발굴을 위한 탐색 질문, 고객의 반응에 대한 호응과 이후 대화를 이어 나갈 방법을 가이드해야 하며, 크게 다음과 같은 순서로 구성한다.

❶ 인사 및 대화의 목적 설명

"안녕하세요, 고객님. 저는 [회사명]의 [직책/이름]입니다. 오늘은 고객님의 상황을 이해하고, 보다 나은 서비스를 제공하기 위해 연락드렸습니다. 잠시 시간 내주셔서 감사합니다."

유의 사항 지나치게 형식적이거나 딱딱한 표현은 피하고, 따뜻하고 자연스러운 톤으로 전달한다.

❷ 관심 유도 및 분위기 조성

"며칠 전 보내드린 [자료명]을 받아보셨나요? 혹시 궁금하신 점이 있었나요?"
"요즘 [관련 분야]에 대해 어떤 고민이 있으신가요?"

유의 사항 고객이 부담을 느끼지 않도록 자연스럽게 관심을 유도하며, 열린 질문을 통해 대화를 시작한다.

❸ 니즈 탐색 질문

"현재 [상품/서비스]와 관련하여 어떤 점이 가장 불편하신가요?"
"이전에 비슷한 문제를 겪으신 적이 있다면, 어떻게 해결하셨나요?"
"해결하고 싶은 가장 큰 고민은 무엇인가요?"

유의 사항 단답형으로 대답하기 쉬운 닫힌 질문은 피하고, 고객이 자신의 상황을 자세히 설명할 수 있도록 유도한다.

④ 구체적인 추가 질문

"그 문제를 해결하기 위해 시도한 방법이 있으신가요? 효과는 어땠나요?"
"만약 개선할 수 있다면, 어떤 부분이 가장 중요하다고 생각하시나요?"

유의 사항 고객의 답변에 따라 후속 질문을 던지며 대화를 깊이 있게 끌어 간다.

⑤ 공감 및 니즈 요약

"말씀해주신 내용을 들어보니, [문제/니즈]가 가장 중요하신 것 같네요. 제가 이해한 게 맞나요?"

유의 사항 고객의 말을 단순히 반복하는 것이 아닌, 공감의 표현을 덧붙여 진정성을 전달한다.

2단계. 상품 제안: 고객의 문제에 대한 솔루션 제시

상품 제안과 구매 요청 단계는 상품의 기능과 장점만을 나열하는 것이 아니라 고객의 문제와 불편을 어떻게 해소하고, 고객의 삶에 어떤 긍정적인 변화를 가져다줄 수 있는지를 명확하게 보여주는 것이 중요하다. 이 과정은 고객이 상품에 관심이 생겨 구매를 결정하기까지의 심리적 여정을 촉진하는 역할을 한다. 고객은 제품의 기능보다는 그것이 자신에게 어떤 가치를 제공할지에 더 관심이 있지만, 동시에 의사결정에 저항감을 느낀다. 이는 지극히 자연스러운 현상이다. 사람은 본능적으로 변화를 두려워하고 기존의 상태를 유지하려는 경향이 있기 때문이다. 이러한 저항은 단순한 거부가 아니라, 구매 결정 과정에서 느끼는 불안과 의심의 표현이다.

고객의 저항은 여러 형태로 나타날 수 있다. 가격 부담, 제품의 필요에 대한 의문, 기존 제품과의 차이점에 대한 회의 등이다. 이러한 저항을 무시하거나 억지로 설득하려 하면 오히려 부정적인 결과를 초래할 수 있다. 이때 중요한 것은 저항을 부정적으로 바라보지 않고, 고객의 진짜 니즈를 발견할 기회로 활용하려는 자세다. 이를 위한 상품 제안 단계 스크립트는 다음과 같은 내용으로 구성한다.

니즈 확장: 고객의 문제를 더 멀리 본다

니즈 발굴 단계에서 얻은 정보만 그대로 반복하며 상품을 연결하는 방식은 자칫 '준비된 멘트'처럼 들릴 수 있다. 예를 들어 고객이 "병원비가 좀 걱정돼요"라고 말했을 때, "그 병원비 걱정을 줄이기 위해 이 상품이 도움이 될 수 있습니다"라고만 연결하면 너무 단순하고 뻔하게 들린다. 고객이 이미 말한 걸 그대로 반복하는 수준이기 때문이다. 고객은 현재의 불편만 보고 말하지만, 전문가인 영업 사원은 그 상황이 불러올 미래까지 상상하고 연결할 수 있어야 한다.

"병원비를 말씀하셨는데요. 만약 갑자기 입원이라도 하게 되면 병원비 자체보다 간병비나 소득 중단이 더 크게 와닿을 수 있습니다. 이 상품은 그런 상황까지 커버할 수 있는 구조로 설계돼 있습니다."

이처럼 고객이 주지 않은 정보라도 그 말 뒤에 있는 상황의 연장선, 그 상태가 초래할 결과까지 보여주어야 신뢰가 생긴다.

고객의 니즈를 '재확인'하는 데 그치지 않고 확장해주는 일 또한 중요하다. 예를 들어 "자녀 교육비가 걱정된다"라고 말하는 고객에게 단순히 "그래서 저축 보험이 필요하다"라는 연결보다는 "요즘은 대학 등록금보다 취업 준비에 드는 비용이 더 크더라고요. 학원비, 자격증, 어학연수 같은 부분까지 고려하면 월 몇만 원씩이라도 미리 분산시켜 두는 게 훨씬 현실적인 준비가 됩니다"처럼 현실을 반영한 관점 확장이 훨씬 설득력 있다. 결국 고객은 지금 하는 말을 잘 알아듣는 것보다는 그 말 뒤에 숨은 진짜 걱정과 더 큰 그림을 꿰뚫어 보는 영업 사원에게 공감한다.

가치 어필: 상품 가치와 고객 가치 연결

상품의 기능이나 스펙을 나열하는 것만으로는 고객의 마음을 움직이기 어렵다. 진짜 설득은 고객이 이 상품을 통해 어떤 '경험'을 하게 될지, 그리고 그 경험이 고객의 삶에 어떤 '안도감'이나 '자유'를 줄지를 구체적으로 그려주는 데서 시작한다.

가치 어필은 크게 두 가지로 나뉜다.

- **상품 가치**: 상품이 본래 가지고 있는 기능적 또는 기술적 강점
- **고객 체감 가치**: 고객이 상품을 통해 체감하게 될 정서적·실용적 만족감

예를 들어 보험 상품이라면 "하루 3000원"이라는 경제성만 강조해서는 고객의 행동을 끌어내기 어렵다. "몸이 아플 때 비용 걱정 없이 원하는 치료를 선택할 수 있다"라거나, "가족 눈치 보지 않고 한방·민간요법까지 마음껏 받을 수 있는 자유"처럼, 실제 상황에서 고객이 느낄 수 있는 감정과 장면을 구체적으로 묘사해야 한다.

고객은 '좋은 상품'을 원하기보다 '내게 도움이 되는 구체적인 장면'을 상상할 수 있는 말을 기다린다. 따라서 "좋습니다", "편리합니다"처럼 추상적인 표현보다는 "몸도 아픈데 돈 걱정까지 하면 병이 더 안 낫습니다. 이 보험은 그런 순간을 대비한 마음의 안전망입니다"처럼 현실적인 문장과 정서적인 언어로 전달해야 한다. 결국 가치 어필이란 상품을 설명하는 것이 아니라 삶의 한 장면을 그려서 보여주는 일이다. 그림이 그려지면 고객의 마음은 자연스럽게 움직인다.

생생한 스토리 개발: '증언'이 신뢰를 만든다

상품의 신뢰도를 높이려 사례를 활용하는 건 기본이지만 "이 상품으로 많은 분이 효과를 봤다"라는 식의 설명은 이제 뻔한 광고 문구처럼

설득력이 없다. 오늘날 고객은 광고보다 리뷰를, 팸플릿보다 댓글을 더 믿는다. '영업 사원이 말하는 자기 상품 이야기'보다 '나 같은 고객이 직접 겪은 경험담'이 더 객관적이기 때문이다.

"제 고객 중에 61세에 퇴직한 분이 계세요. 병원비 때문에 고민이 많으셨는데 이 상품 가입하고 한 달쯤 뒤에 그러시더라고요. '솔직히 보험료가 부담되긴 했는데, 막상 검사받고 입원했을 때 생각보다 많은 부분이 보장돼서 진짜 마음이 놓이더라'라고요. 그 얘기 듣는데 제가 괜히 뿌듯했어요."

이처럼 다른 고객의 입을 빌려 말하는 방식, 즉 '증언 화법'으로 사례를 전달하면 "나랑 비슷한 상황의 사람이 그렇게 말했구나"라는 공감이 생기면서 굳이 강조하지 않아도 신뢰가 자연스레 형성된다. 여기에 구체적인 수치나 데이터를 더하면 설득력은 배가 된다.

"작년 한 해만 이 상품을 통해 보장 청구한 고객이 1200명 정도고요, 그중 절반 이상이 입원보다는 통원 치료에서 실질적인 도움을 받으셨어요."

이런 정보는 고객의 의심을 덜고 '이건 그냥 말뿐인 상품이 아니구나'라는 느낌을 줄 수 있다. 스토리텔링은 '우리 상품이 이래서 좋습니다'라는 주장이 아니라 '그 고객님이 이렇게 말씀하셨어요'라는 경험 기반의 증언이다. 영업 사원의 입장은 빼고 고객이 말한 스토리를 스크립트에 담아야 한다.

감정, 사고, 행동(ETAC) 3단 논법: 느끼고 이해하고 움직이게 한다

고객은 하나의 이유로 설득되지 않는다. "좋습니다", "빨리 가입하세요"라는 표현은 강요처럼 들리고, 반대로 감정에만 호소하면 '그건 좀 과장 같다'라는 거리감이 생긴다.

설득은 감정Emotion, 사고Thinking, 행동Action이 함께 작동해야 비로소 효과를 낸다. 스크립트를 활용할 때 고객이 셋 중 특히 어디에서 반응하는지 관찰해야 한다. 고객이 고개를 끄덕이거나 관심을 보이는 영역에 따라 내용의 비중을 조율한다. "많이 불안하셨죠? 아프면 정말 서럽잖아요. 그 마음 제가 너무 잘 압니다. 그래서 이 상품 꼭 하셔야 해요"라는 표현은 감정에만 기댄 강요처럼 들리고, 논리와 실질적 근거도 부족하다.

이성만 너무 강조해도 안 된다. "월 2만 8000원에 통원, 입원, 수술비가 다 보장됩니다. 이건 단순히 계산해봐도 무조건 이득이에요"라는 표현은 데이터는 있지만 감정과 공감이 없어 냉정하고 딱딱한 느낌만 남는다. 다음 스크립트를 보자.

"저희 고객 중에 60대 후반 어르신이 계셨는데요. 퇴직 후엔 건강 걱정보다 혹시 아프면 자식한테 폐가 될까 봐 더 걱정하셨대요. 그 마음 이해되시죠? 그분이 이 상품에 가입하신 이유는 단순히 보험금 때문이 아니었어요. '이걸로 병원비는 내가 책임질 수 있다'라는 심리적 안정감 때문이었죠."

이 스크립트에서는 감정부담, 두려움, 사고필요한 이유, 행동가입과 실제 보장의 경험이 자연스럽게 연결된다. 여기서 포인트는 하나의 구조로 스크립트를 쓰지 않는 것이다. ETAC, 즉 감정-사고-행동의 구조로 스크립트를 쓰고 고객의 표정과 말투가 어디에서 반응하는지를 읽는 것이 이 리허설의 핵심이다.

테스트 클로징: 자연스러운 의향 타진

판매 종결이라는 큰 강을 건너려면 작은 돌이 징검다리가 되어야 한다. 고객과의 신뢰 구축, 구매 의사 탐색, 장애 요인 분석, 결단 유도, 결정에 대한 축하와 지속 관리에 대한 연결감 형성 등 다양한 단계가 바로 그것이다. 각 과정 전반에 걸쳐 고객의 반응을 수시로 확인하고, 미리미리 구매 가능성을 열어두어야 한다. 이때 클로징은 단순히 상담의 마지막 단계에서 한 번 시도하고 마는 것이 아니다.

고객의 의향을 살피는 가벼운 질문은 잘 활용하면 부담 없이 반응을 확인하는 수단이 된다. 이런 테스트 클로징Test closing이 누적되면 최종 구매 요청은 더 이상 갑작스러운 제안이 아니라, '이제 이 좋은 걸 어떻게 시작할지만 정하면 된다'는 자연스럽고 당연한 흐름이 된다.

❶ 질문 클로징

결정을 유도하기 전에 고객의 마음을 읽고, 자연스럽게 다음 단계로 넘어가는 질문을 한다.

"지금까지 들으시면서 가장 마음에 와닿은 부분이 무엇이었나요?"

"이 플랜이 고객님 상황에 맞을지, 혹은 조금 조정이 필요할지 의견을 주실 수 있을까요?"

❷ 대안 클로징

여러 옵션을 제시하고 고객이 '고른다'는 느낌으로 자연스럽게 참여를 유도한다.

"지금까지 설명한 구성 외에 한 단계 더 단순하게 보장만 중심으로 가는 플랜도 있습니다. 보장 우선을 원하실까요, 아니면 의료·생활 혜택까지 같이 챙기는 쪽이 나으실까요?"

"월 2만 원대 구성과 3만 원대 구성 중에 어느 쪽이 더 현실적으로 부담 없이 시작하실 수 있을까요?"

❸ 공감 클로징

고객의 우려나 주저함에 공감하며 정서적 거리를 좁히고, 구매 여지를 확보한다.

"당연히 고민되실 수 있어요. 보험은 돈보다는 마음의 준비니까요. 다만 지금이 준비하시기에 가장 좋은 조건이라는 건 꼭 말씀드리고 싶어요."

"저도 부모님 보험 준비할 때 진짜 망설였거든요. 그런데 막상 해드리고 나니까 마음이 편하더라고요. 고객님도 혹시 비슷한 마음 아니실까요?"

❹ 요약 클로징

상품의 핵심 가치를 다시 정리하면서 '이쯤이면 결정해도 되겠다'라는 흐름으로 유도한다.

"정리해보면 월 보험료는 2만 원대이고, 입원·통원 모두 보장되며, 다른 가족들까지 걱정을 덜 수 있는 구성입니다. 이 정도면 지금 결정하시기에 충분하지 않을까요?"

"지금까지 말씀드린 보장 범위, 가입 조건, 가격을 살펴보면 고객님 상황과 잘 맞습니다. 이렇게 준비해두시면 확실히 든든하실 거예요."

클로징은 한 번의 말로 끝내는 결정타가 아니라, 고객의 반응을 주의 깊게 살피며 설득의 수위를 조절하는 과정이라는 점을 기억해야 한다. 특히 거절 가능성을 염두에 두고 모든 조건을 처음부터 한꺼번에 꺼내기보다 고객의 반응에 따라 순차적으로 '패'를 조절하며 협상의 여지를 남기는 것이 중요하다. 예를 들어 고객이 망설인다면 '기간 한정 혜택'이나 '단독 제안', '마감 임박' 등의 요소를 카드처럼 단계적으로 제시하며 선택지를 좁혀가는 방식이 효과적이다. 이런 방식은 고객이 스스로 선택하고 있다는 인식을 주면서도, 실제로는 영업 사원이 클로징의 주도권을 끝까지 쥐고 있는 구조를 만든다.

결국 클로징은 단발적인 설득이 아니라, 상담 전반을 통해 신뢰를 쌓고 방향성을 함께 좁혀온 결과다. 좋은 클로징은 단순히 제안을 마무리하는 것이 아니라, 이미 고객과 함께 축적해온 흐름의 '논리적 마침표'가 되어야 한다.

3단계. 클로징 및 거절 극복: 상담의 결실 맺기

영업 상담 과정에서 가장 도전적인 순간은 구매를 요청하고 고객의 선택을 기다리는 순간이다. 고객이 어떤 거절을 할지 조마조마하고 긴장된다. 고객의 거절은 영업 과정에서 흔히 발생하는 자연스러운 현상이지만 이 순간 당황하거나 페이스를 잃는 경우가 많다. 거절을 개인적인 실패로 받아들이고 감정적으로 위축되거나 자신감을 잃어버리면 하려던 말도 잊어버린다. 한 실험에서는 반복적으로 거부를 당한 사람이 쿠키를 먹을 때, 통제력을 상실하고 더 많은 쿠키를 먹는 경향을 보였다. 이는 거절이 인간의 자기 통제 능력과 의욕에 부정적인 영향을 미칠 수 있다는 것을 보여준다.

영업의 성공은 거절의 순간을 어떻게 다루느냐에 달려 있다. 구매 요청과 거절 극복에는 심리적 준비와 전략적 접근이 필요하다. 특히 거절에 효과적으로 대응하려면 잘 정비된 거절 극복 스크립트가 필요하다. 이때 스크립트는 대사뿐만 아니라 상황에 맞는 대응 전략과 심리적 준비를 포함해야 한다.

- **개인의 감정과 분리하기**: 고객의 거절 이유를 개인적으로 받아들이지 않고, 문제를 해결할 기회로 활용한다.
- **선택의 자유를 강조하기**: 지나치게 강압적인 태도는 피하고, 고객이 스스로 선택하도록 유도한다.
- **긍정적 가정 활용하기**: 고객의 긍정적인 반응을 미리 가정한 질문을 사용해 대화의 방향을 주도한다.
- **실패를 받아들이고 성장의 기회로 전환하기**: 거절은 실패가 아니라 과정의 일부다. 과거의 실패를 선택적으로 기억하는 경향을 피하고, 실패 후 즉각 감정을 관리하는 것이 중요하다. 또한 실패가 가져온 긍정적인 결과를 재평가하고, 계속해서 행동함으로써 실패에 대한 내성을 키울 수 있다. 거절은 성장의 계단이다. 두려워하지 말고, 고객의 거절을 통해 더 나은 상담 전략과 자신감을 키워나가야 한다. 그러기 위해서는 심리적 낭패감을 최소화하는 거절 극복 스크립트가 필요하다.

클로징과 거절 극복은 세일즈의 마지막 관문으로, 고객의 우려를 해소하고 긍정적인 결정을 끌어내야 하는 중요한 순간이다. 이 단계에서는 고객의 심리적 장벽을 이해하고, 그에 맞는 설득 전략을 구사해야 한다. 성공적인 클로징은 강요가 아닌, 고객이 스스로 최고의 선택을 했다고 느끼도록 돕는 과정이다. 거절 극복 스크립트 작성 요령은 뒤에서 한 번 더 자세히 설명하기로 하고, 클로징 순서를 큰 틀에서 먼저 살펴보자.

> **❶ 결정 유도의 틀 세우기: 구체적인 질문으로 선택 유도**
> 고객이 결정을 내릴 수 있도록 질문의 범위를 설정하여 선택지를 제공한다. 이는 선택의 폭을 좁혀 고객이 자연스레 결정을 내리도록 돕는 기술이다.
>
> "말씀드린 제안이 괜찮으시다면 이번 주 안에 진행을 시작할 수 있습니다. 어떠신가요?"
> "A 옵션과 B 옵션 중 어느 쪽이 더 적합하다고 생각하시나요?"
>
> `유의 사항` "예/아니오"로 답할 수 있는 질문보다는 선택지를 주는 것이 효과적이다. 강압적인 느낌 없이 자연스럽게 결정을 유도해야 한다.

> **❷ 거절 원인 탐구: 고객의 우려 파악하기**
> 거절의 이유를 정확히 파악한 후, 그에 맞는 해결책을 제시하는 것이 중요하다. 고객의 거절은 정보나 신뢰가 더 필요하다는 신호일 수 있다.
>
> "그 점이 조금 걱정되시는군요. 혹시 어떤 부분이 가장 고민되시는지 말씀해주실 수 있을까요?"
> "결정을 망설이게 하는 부분을 솔직하게 말씀해주시면, 저도 더 나은 방안을 찾아보겠습니다."
>
> `유의 사항` 고객의 우려를 가볍게 넘기지 말고 진지하게 경청한다. 고객이 불편함을 느끼지 않도록 부드러운 어조로 접근한다.

❸ 거절 극복 제안: 맞춤형 솔루션 제시하기

거절의 이유를 파악했다면 이를 극복할 구체적인 대안을 제시한다. 고객이 선택하기 쉬운 비교 구조를 활용하는 것도 효과적이다.

"고객님께서 말씀하신 부분을 고려하여 두 가지 옵션을 준비했습니다. A 옵션은 [특징]이 강점이고, B 옵션은 [다른 특징]에 초점을 맞췄습니다. 어느 쪽이 더 마음에 드시나요?"

> 유의 사항 두세 가지 옵션을 제시하여 고객이 비교하고 선택하도록 유도한다. 가격 대비 가치를 강조하며 고객의 심리적 부담을 줄인다.

❹ 재결정 요청: 거절 극복 후 클로징 리드

거절 극복 후에는 고객이 다시 결정을 내릴 수 있도록 자연스럽게 리드해야 한다. 이는 고객이 방금 해결된 우려 사항을 반영하여 긍정적인 결정을 내릴 수 있도록 도와주는 과정이다.

"말씀해주신 우려 사항을 반영해 [대안/해결책]을 제시해보았습니다. 이 방향이 괜찮으시다면, 지금 진행해볼까요?"

"이제 고민하셨던 부분이 충분히 해소된 것 같은데, 이 조건으로 진행하는 것이 어떠신가요?"

> 유의 사항 고객이 다시 고민하지 않도록 명확하고 간결한 질문으로 마무리한다. 너무 강압적이지 않게, 선택의 여지를 주면서도 자연스럽게 결정을 유도한다.

❺ 추후 조치 약속: 부담 없는 후속 제안

고객이 결정을 미룰 때는 추후 행동 계획을 명확히 설정하는 것이 중요하다. 강요하지 않고 자연스럽게 후속 조치를 약속해야 한다.

"오늘은 충분한 정보를 드린 것 같네요. 고민해보시고 이틀 뒤에 다시 연락드려도 괜찮을까요? 그때 추가로 궁금하신 부분이 있으면 상세히 설명드리겠습니다."

`유의 사항` "구매하시겠어요?"보다는 "진행을 시작해볼까요?"와 같은 부드러운 표현을 사용한다. 고객이 압박감을 느끼지 않도록 배려하는 태도를 유지한다.

❻ 감정적 연결: 무의식적 선택 유도하기

고객의 무의식을 자극하는 표현은 구매 결정에 큰 영향을 미칠 수 있다. 사소한 말 한마디가 결정적인 역할을 한다.

"이 제품 하나로 괜찮으시겠어요? 아니면 가족분들도 함께 사용할 수 있도록 추가로 준비해드릴까요?"

"선물용으로도 많이 찾으시는데, 이번 기회에 하나 더 준비하시는 건 어떠세요?"

`유의 사항` 고객이 자연스럽게 더 나은 선택을 하도록 유도하는 표현을 준비한다. 부담스럽지 않게 고객의 생각을 확장하는 질문을 사용한다.

고객 친화형 스크립트 작성 포인트

단어 바꾸기

- 계약 ⋯▸ 사인

'계약'은 법적 구속력을 떠올리게 하지만, '사인'은 단순한 절차로 느껴진다.

- 비용 ⋯▸ 금액

'비용'은 지출 부담을 강조하는 반면, '금액'은 중립적이고 객관적인 느낌이다.

- 문제 ⋯▸ 상황

'문제'는 부정적인 인상을 주지만, '상황'은 해결할 수 있는 과제로 인식된다.

- 조건 ⋯▸ 안내

'조건'은 제한적이고 강압적으로 느껴질 수 있으나, '안내'는 부드럽고 친절한 느낌이다.

- 책임 ⋯▸ 역할

'책임'은 무거운 의무감을 주지만, '역할'은 기여와 참여의 의미로 가볍게 전달된다.

- 요구 ⋯▶ 요청

  '요구'는 강압적으로 들리지만, '요청'은 정중하고 부드럽게 들린다.

- 문제점 ⋯▶ 개선점

  '문제점'은 부정적 뉘앙스가 있지만, '개선점'은 긍정적 변화를 강조하는 단어다.

- 환불 ⋯▶ 금액 반환

  '환불'은 거래 실패를 암시할 수 있지만, '금액 반환'은 단순한 절차로 인식된다.

- 사과 ⋯▶ 유감

  '사과'는 무거운 책임의 뉘앙스를 줄 수 있지만, '유감'은 상황에 대한 공감을 표현한다.

- 결정 ⋯▶ 선택

  '결정'은 최종적이고 무거운 느낌이 있지만, '선택'은 유연하고 자유로운 느낌이 든다.

문장 바꾸기

- 지금 바로 구매하세요.

  ⋯▶ 지금 시작하시면 가장 빠르게 누리실 수 있어요.

- 마감 임박입니다!

  ⋯▶ 이번 기회를 놓치지 않으셨으면 좋겠습니다.

- 계약하시겠어요?
⋯▶ 혹시 지금 결정하셔도 괜찮을까요?

- 이건 꼭 필요하십니다.
⋯▶ 이 제품이 고객님 상황에 딱 맞을 수 있어요.

- 이건 최고의 제품이에요.
⋯▶ 많은 분이 이 제품에 만족하고 계세요.

- 그건 불가능합니다.
⋯▶ 그 부분은 현재로선 어려운 상황입니다만, 다른 방법을 찾아보겠습니다.

- 할인 안 됩니다.
⋯▶ 지금이 가장 좋은 조건으로 만나보실 기회예요.

- 무조건 만족하실 거예요.
⋯▶ 사용해보신 분들께서 만족하셨다는 의견이 많습니다.

- 생각해보시고 연락주세요.
⋯▶ 혹시 일정이 정리되시면 제가 다시 편하게 연락드릴까요?

사례로 보는 스크립트 작성 요령

스크립트는 효과적인 커뮤니케이션을 위한 전략적 도구다. 고객의 마음을 움직이고 신뢰를 쌓으며 행동을 유도하려면 새로운 표현을 전략적으로 배치하는 게 좋다.

직관적으로 작성한다

스크립트는 누구나 쉽게 이해할 수 있어야 한다. 복잡한 용어나 지나치게 전문적인 설명은 고객의 관심을 분산시킬 수 있으므로 직관적으로 간결하게 설명하는 것이 중요하다. 짧고 명확한 표현을 사용하고, 초등학생도 이해할 수 있을 정도로 설명하는 것이 효과적이다. "이 보험은 단순한 상품이 아닙니다. 비 오는 날 당신을 지켜줄 튼튼한 우산과 같습니다"처럼 직관적인 비유를 사용할 수도 있다.

"이 제품은 고급 알고리즘과 최적화된 프로세스를 통해 데이터를 처리합니다."
⋯▶ "이 제품은 데이터를 빠르고 똑똑하게 처리해줍니다."
(고속도로 위를 달리는 스포츠카처럼 빠르게!)

"여러 절차를 거쳐 최종적으로 결과를 도출합니다."
⋯▶ "복잡하지 않게 바로 결과를 보여줍니다."
(두드리면 바로 답이 나오는 계산기처럼)

"고객 관리 시스템의 효율성을 극대화하는 기능이 있습니다."
⋯▶ "이 시스템은 고객 관리를 빠르고 편하게 만들어줍니다."
(바쁜 식당의 주문을 척척 챙기는 스마트한 점원처럼)

"이 프로그램은 여러 기능을 통합하여 복합적인 작업을 수행할 수 있도록 설계되었습니다."
⋯▶ "이 프로그램 하나로 여러 가지 일을 동시에 해결할 수 있습니다."
(스마트폰 하나로 사진도 찍고, 통화도 하고, 게임도 하듯)

"고객의 다양한 요구사항에 맞춰 최적화된 서비스를 제공합니다."

··· "이 서비스는 고객 한 사람 한 사람에게 꼭 맞춰드립니다."

(내 발에 꼭 맞는 맞춤 신발처럼)

"단계별 절차를 통해 시스템을 구성하고 관리할 수 있습니다."
··· "따라 하면 누구나 쉽게 시스템을 만들고 관리할 수 있습니다."

(블록을 차례대로 쌓아 성을 만드는 것처럼)

고객 맞춤형 메시지를 구성한다

모든 스크립트는 개인화되어야 한다. 고객은 상품이 아니라 자신의 효용에 관심이 있다. 남의 큰 상처보다 내 손톱 밑의 가시가 더 쓰리고 아픈 법이다. 필요와 관심사에 맞춘 메시지여야 고객 귀에 솔깃하다. 상품의 장점만 설명하면 고객은 다른 생각에 사로잡힌다. '이게 나에게 이로울까?', '이 선택이 최선일까?', '이 사람 말을 믿을 수 있을까?' 하지만 고객의 상황과 문제에 대입해 설명하면 고객은 자신이 주인공이 되기 때문에 귀를 기울이고 구체적인 상황을 상상할 수 있다. 상품이 아니라 '고객의 상황'을 이야기하고, 혜택이 아니라 '고객이 느낄 수 있는 변화'를 보여주자. '이 서비스가 나에게 어떤 도움이 될까?'라는 질문에 바로 답하는 스크립트여야 한다.

보험 상품 판매 상담 사례

"이 상품은 업계 최고 수준의 보장 범위를 자랑하며, 다양한 특약으로 고객님께 더 많은 혜택을 드립니다."

⋯▶ "요즘 갑작스러운 사고나 질병이 걱정될 때가 많죠. 특히 고객님처럼 가정을 책임지고 계신 분이라면 병원비 걱정이 크실 겁니다. 이 보험은 입원 시 하루 5만 원의 실손 보장이 가능해 예상치 못한 의료비 부담을 줄여드릴 수 있습니다. 고객님께서 생각하시는 보장 범위와 잘 맞을까요?"

> **수정 포인트**
>
> **개인화된 상황 제시:** "가정을 책임지고 계신 분이라면"
>
> **실생활 연결:** '병원비 걱정'이라는 구체적 사례로 공감 유도
>
> **의향 확인 질문:** 고객의 니즈를 재차 확인

상조 서비스 판매 상담 사례

"저희 상조 서비스는 합리적인 비용으로 장례 절차 전반을 도와드리며, 전국 어디서나 신속한 서비스를 제공합니다."

⋯▶ "부모님 건강은 잘 챙기고 계신가요? 요즘 들어 부모님 건강이 염려되는 순간이 많으실 겁니다. 하지만 그날이 갑자기 찾아오면 마음이 무너지는 와중에 준비할 것들이 너무 많아 막막해지기 쉽습니다. 저희 서비스는 그런 순간에 고객님이 마지막 인사를 온전히 나누실 수 있도록 장례 준비를 모두 맡아드립니다. 고객님께선 '부모님을 어떻게 편안히 보내드릴 수 있을까'라는 마음

에만 집중하실 수 있도록 말이죠. 혹시 이런 준비에 대해 미리 생각해보신 적이 있을까요?"

> **수정 포인트**
>
> **개인화된 상황 제시:** "부모님 건강은 잘 챙기고 계신가요?"
>
> **실생활 연결:** '마지막 인사를 온전히 나눌 수 있는 시간'이라는 정서적 공감
>
> **의향 확인 질문:** "혹시 이런 준비에 대해 미리 생각해보신 적이 있을까요?"

매장 해충 방제 및 정기 방역 서비스 상담 사례

"저희 해충 방제 서비스는 정기적인 방역으로 매장을 청결하게 유지해 드리며 다양한 해충을 효과적으로 제거합니다."

⋯▸ "사장님, 요즘 같은 계절엔 하루살이나 바퀴벌레 때문에 골치 아프실 때가 많죠? 특히 고객님처럼 식당을 운영하신다면 손님들이 해충을 보고 실망할까 봐 신경 쓰이실 겁니다. 저희 정기 방역 서비스는 업장 문을 열기 전 새벽 시간에 미리 방역해 손님이 올 땐 언제나 깨끗한 매장을 유지할 수 있게 도와드립니다. 사장님 매장엔 요즘 어떤 해충이 가장 신경 쓰이시나요?"

> **수정 포인트**
>
> **개인화된 상황 제시:** "고객님처럼 식당을 운영하신다면"
>
> **실생활 연결:** '손님들이 해충을 보고 실망할까 봐'라는 구체적

> **고민 포인트**
> **의향 확인 질문:** "요즘 어떤 해충이 가장 신경 쓰이시나요?"

정확한 근거로 설득한다

스크립트는 단순한 정보 전달이 아닌, 논리적인 설득이어야 한다. 근거 있는 데이터와 확신에 찬 메시지를 통해 신뢰를 쌓고 강력한 설득력을 확보해야 한다. 중언부언하거나 두루뭉술하게 말하지 않도록 핵심을 짜임새 있게 작성한다.

보험 상품 상담 사례

"이 상품은 보장 범위가 넓고 보험료가 합리적입니다. 많은 고객이 만족하고 있습니다."

⋯▶ "이 보험 상품은 2024년 기준 가입자 만족도 92%를 기록했고, 특히 의료비 부담이 큰 40대 이상 고객들에게 인기가 높습니다. 입원 시 하루 최대 5만 원, 수술 시 최대 300만 원까지 보장되어 갑작스러운 병원비 걱정을 덜 수 있어요. 이 정도 보장이면 고객님의 상황에도 큰 도움이 되지 않을까요?"

> **수정 포인트**
> **구체적 데이터 추가:** 가입자 만족도 92%, 보장 금액 명시

명확한 근거 제시: '의료비 부담이 큰 40대 고객'이라는 타깃 근거 활용

논리적 설득: 실제 수치로 신뢰도 강화

인터넷·IPTV 통신 상품 상담 사례

"저희 인터넷·IPTV 상품은 빠르고 안정적이며, 다양한 채널을 제공합니다."

⋯ "2024년 한국소비자원 조사에서 저희 인터넷은 고객 만족도 1위를 기록했습니다. 특히 100만 명 이상의 가입자가 '끊김 없는 영상 시청'과 '안정적인 회선 속도'를 가장 큰 장점으로 꼽았습니다. IPTV는 월 300편 이상의 무료 VOD와 200개 이상의 실시간 채널을 제공합니다. 게다가 같은 가격대의 국내 통신사 상품 중 넷플릭스·유튜브 4K 스트리밍 속도 1위를 검증받았습니다. 이 정도 속도와 콘텐츠라면 고객님과 가족 모두 만족하시지 않을까요?"

수정 포인트

구체적 데이터 추가: 한국소비자원 조사 1위, 가입자 100만 명, 넷플릭스·유튜브 4K 속도 1위

명확한 근거 제시: 소비자 조사와 통신사 비교 데이터를 활용해 신뢰성 확보

고객 이익과 연결: 가족 모두의 혜택으로 확대

화장품 판매 상담 사례

"이 제품은 피부 보습에 탁월하며, 많은 분이 효과를 보고 계십니다. 피부가 촉촉해져요."

…▸ "이 제품은 피부 수분 함량이 72시간 동안 35% 증가한 임상 테스트 결과가 있으며, 피부 자극 지수 0.00으로 민감성 피부에도 안전합니다. 실제로 사용한 고객 중 87%가 일주일 내 피부 당김이 줄어드는 경험을 했다고 응답했습니다. 고객님께서도 이런 변화를 원하시지 않나요?"

수정 포인트

임상 데이터 활용: 수분 함량 증가, 자극 지수 명시
고객 후기 수치화: 87%라는 정확한 수치로 신뢰 확보
확신 있는 메시지: 구체적인 근거로 효과에 대한 확신 제공

핵심 수정 전략 요약

* **데이터 기반 설득**: 구체적인 수치, 통계, 평가 결과 활용
* **명확한 표현**: 모호한 표현 지양, 명확한 근거 제시
* **논리적 구조**: 핵심 메시지 …▸ 근거 …▸ 고객 이익 순으로 전개
* **신뢰성 강화**: 객관적 자료로 고객의 의심 최소화

생생히 그려지게 한다

'이거 실화냐'라는 유행어가 있다. 실제 사례 없이 추상적인 설명으로는 공감대 형성이 어려울뿐더러 고객의 머릿속에 이미지로 그려지지 않는다. 실제 사례를 통해 고객이 쉽게 떠올릴 수 있는 이미지를 그려주자. 구체적이고 인상적인 비유와 스토리일수록 더 선명하게 기억된다.

보험 상품 상담 사례

"이 보험은 갑작스러운 사고나 질병에 대비할 수 있는 든든한 보장을 제공합니다."

··· "얼마 전 한 고객님 이야기가 생각나네요. 평소 건강하던 35세 직장인이 출근길에 자전거 사고로 크게 다쳐 병원에 입원하게 됐습니다. 갑작스러운 사고에 병원비 부담이 걱정됐지만, 다행히 이 보험 덕분에 입원비와 수술비로 총 500만 원 이상 보장을 받았습니다. 병원비 걱정 없이 빠르게 회복에만 집중할 수 있었던 거죠. 혹시 이런 상황이 닥친다면, 고객님도 든든한 보장이 필요하지 않으실까요?"

> **수정 포인트**
>
> **개인화된 상황 제시:** "평소 건강하던 35세 직장인"
> **실생활 연결:** 병원비가 걱정되는 구체적인 사례로 고객의 공감 유도
> **의향 확인 질문:** 고객의 니즈를 재차 확인

침대·소파 구독형 서비스 상담 사례

"저희 구독 서비스는 편안함을 제공하며, 정기적인 교체로 늘 새것 같은 느낌을 드립니다."

⋯ "얼마 전 저희 구독 서비스를 이용하고 있는 부부의 이야기를 들었습니다. 두 분은 신혼 때 비싸게 산 소파가 2년 만에 꺼지고 삐걱거려 속상했다고 해요. 침대도 오래되니 허리가 아파 편히 잠들지 못하는 날이 많았다고 합니다. 그런데 저희 구독 서비스를 시작한 후 3년마다 새 침대와 소파로 교체 받으면서 고민이 사라졌다고 해요. 특히 침대를 바꾼 지 한 달 만에 허리 통증이 사라졌다며 너무 만족해하셨어요. 한 번 사면 끝이 아니라 매일 새것처럼 편안한 공간에서 쉬는 기분, 고객님도 느껴보시겠어요?"

> **수정 포인트**
>
> **실제 상황 기반 스토리:** 신혼부부의 현실적인 가구 고민
> **구체적인 인물과 상황:** 어떤 부부의 불편과 해결 과정
> **감정적 공감:** 허리 통증이 사라졌다는 만족감 전달

기업용 IT 솔루션(ERP, CRM, 그룹웨어) 상담 사례

"저희 ERP·CRM 솔루션은 업무 프로세스를 통합해 기업 운영을 더 효율적으로 만듭니다."

⋯ "작년 저희 솔루션을 도입한 한 중견 제조업체의 사례입니다. 그전까지는 주문·재고·매출 관리가 엑셀과 이메일에 흩어져 있어서 재고 실수로 인기

상품을 못 팔고, 배송이 지연되는 일이 자주 발생했죠. 하지만 저희 ERP와 CRM을 도입한 지 3개월 만에 달라졌습니다. 재고와 주문 현황이 실시간으로 한눈에 보이니 빠르게 대응할 수 있었죠. 덕분에 배송 지연은 80% 감소, 반품 요청은 절반 이하로 줄었습니다. 이렇게 달라진 성과, 고객님의 회사에도 필요한 변화 아닐까요?"

> **수정 포인트**
>
> **실제 상황 기반 스토리:** 중견 제조업체의 혼란과 변화 과정
>
> **구체적인 인물과 상황:** 재고 실수와 배송 지연이라는 현실적인 문제
>
> **명확한 성과:** '배송 지연 80% 감소', '반품 절반 이하로 감소'라는 수치로 신뢰도 확보

고객의 의향을 수시로 확인한다

앞서 설명했듯 테스트 클로징은 고객이 최종 결정을 내리기 전, 가볍게 의향을 탐색하며 반응을 확인하는 중요한 대화 기법이다. 고객이 '내가 이걸 구매하면 어떨까?'라는 마음속 예행연습을 하도록 유도하는 것이 핵심이다. 영업 사원은 고객이 얼마나 준비되었는지 살피며, 고객이 스스로 결정을 향해 갈 수 있도록 징검다리를 놓는다. 이렇게 작은

동의를 반복적으로 쌓으면, 마지막에 강력한 클로징을 던졌을 때 고객이 '이 당연한 걸 왜 안 해?'라는 심리 상태에 도달할 수 있다.

테스트 클로징은 한 번의 질문으로 끝나는 것이 아니다. 고객이 점점 더 큰 결정을 자연스럽게 받아들이도록 단계적으로 진행한다. 처음에는 가벼운 반응 확인으로 시작해 점차 구매 시나리오를 상상하게 하고, 마지막에는 직접적인 의향을 확인하는 흐름으로 이어간다.

첫 번째 단계는 가볍게 고객의 반응을 살피며 대화를 이어가는 것이다. 이 단계에서는 부담 없는 질문을 던져 고객이 편하게 자기 생각을 표현할 수 있도록 유도한다. "이 설명이 고객님의 상황과 잘 맞는 것 같으신가요?" 혹은 "이 부분은 어떻게 느껴지세요?" 같은 질문은 고객이 가볍게 반응할 수 있게 한다. 이 과정에서 영업 사원은 고객의 관심 포인트와 주저하는 부분을 빠르게 파악할 수 있다.

두 번째 단계는 고객이 구매 후의 상황을 머릿속에 그려보게 하는 것이다. 이 단계에서는 고객이 '내가 사용한다면 어떨까?'라는 시나리오를 그리며 심리적으로 제품이나 서비스를 경험하게 만든다. 예를 들어 침대 구독 서비스를 상담할 때는 이렇게 묻는다. "3년마다 가구를 바꾸면 집 분위기가 어떻게 달라질 것 같으세요?" IT 솔루션 상담 중에는 "이 시스템을 도입하면 재고 관리나 매출 보고가 어떻게 달라질까요?"라고 질문할 수 있다. 사용 후의 긍정적인 변화를 떠올리게 하면 고객의 마음속에 점점 'YES'가 쌓인다.

세 번째 단계에서는 고객의 구체적인 의향을 직접 확인한다. 이 단계에서 결정에 대한 준비 상태를 살피며 클로징으로 나아가기 위한 마지막 다리를 놓는다. 이때 질문은 명확하고 직관적이어야 한다. "이 조건이라면 시작해보실 만하다고 느껴지시나요?" 또는 "혹시 시작하기 전에 마지막으로 고민되는 부분이 있으신가요?" 같은 질문은 고객이 구매 의사를 스스로 점검하게 한다. 이때 긍정적인 반응을 보인다면 바로 클로징으로 이어질 수 있다.

이렇게 단계별로 테스트 클로징을 거친 고객은 마지막 클로징 질문을 들었을 때 이미 마음의 결정을 내린 상태에 가깝다. 이 시점에는 고객이 '이걸 안 하면 내 손해 아닌가?'라는 심리를 느끼게 하는 강력한 마무리가 필요하다. "이 정도 조건이면 바로 시작하지 않을 이유가 없지 않으세요?"라든가 "이렇게 만족도가 높다면 직접 경험해보시는 게 좋지 않을까요?" 같은 질문은 고객의 마음을 결론으로 밀어준다. 좋은 클로징은 강한 압박이 아니라 자연스럽게 도달한 고객의 마음속 결정에서 시작된다.

테스트 클로징 단계별 예문

❶ 관심도 확인 질문

"이 제품에 대해 어떻게 생각하시나요?"

"이 기능이 도움이 될 것 같으신가요?"

"이 서비스가 고객님의 필요를 충족시킬 수 있을 것 같으신가요?"

❷ 행동 촉구

"지금 바로 신청해보세요!"

"무료 체험을 시작해보세요!"

"지금 구매하시면 특별 할인을 받으실 수 있습니다."

❸ 청유형 질문

"이 제품을 사용해보시는 건 어떠신가요?"

"이 서비스를 한번 체험해보시겠어요?"

"지금 바로 가입해보시는 건 어떠세요?"

❹ 강력한 클로징 후 최종 클로징으로 연결

"지금 이 조건이면 바로 시작하지 않을 이유가 없지 않으세요?"

"이 정도 혜택이면 바로 시작하는 게 가장 현명한 선택 아닐까요?"

"이렇게 만족도가 높다면 직접 경험해보시는 게 좋지 않을까요?"

테스트 클로징 스크립트 수정 예문

"이 보험 상품은 보장 범위가 넓고 보험료도 합리적입니다. 추가로 궁금하신 점 있으신가요?"

⋯▶ "이 보험 상품은 보장 범위가 넓고 보험료도 합리적입니다. 이 부분이 고

객님께서 원하시는 보장 내용과 잘 맞을까요? 혹은 추가로 더 중요하게 생각하시는 부분이 있을까요?"

"이 차량은 연비가 좋고 안전성이 뛰어납니다. 다양한 색상으로 제공됩니다."

⋯▶ "이 차량은 연비가 좋고 안전성이 뛰어납니다. 고객님께서 중요하게 생각하시는 부분과 잘 맞나요? 현재까지 설명해드린 부분 중에서 가장 마음에 드는 점은 무엇인가요?"

"이 제품은 수분 공급에 탁월하고 피부 자극이 적습니다. 할인 이벤트도 진행 중입니다."

⋯▶ "이 제품은 수분 공급에 탁월하고 피부 자극이 적습니다. 고객님 피부에 잘 맞을 것 같은데, 사용해보시기에 어떠세요? 이 제품이 고객님의 피부 고민 해결에 도움이 될 것 같으신가요?"

거절 극복 스크립트

거절은 설득이 아닌 확장의 기회다. 거절을 '반박'의 대상으로 생각하는 순간 당신의 설득은 힘을 잃는다. 고객의 거절에 맞서기보다 그 거절을 받아들여 확장하는 전략을 취해야 한다. 고객이 미처 생각하지 못한 가치를 더해줌으로써 단순한 거절을 새로운 가능성으로 바꾸는 것이다. 이를 위해 필요한 것이 바로 제대로 된 거절 극복 스크립트다.

    거절은 예상할수록 여유로워진다. 영업 상담은 본질적으로 불확실하다. 고객이 어떤 세계에 있고 어떤 반응을 보일지 예측이 어렵기 때문이다. 예상치 못한 거절과 돌발 상황은 고객과의 상호작용에서 필수 불가결이다. 이런 순간들은 불안과 스트레스를 유발하지만 때로는 자신의 내공을 드러내고, 진전된 관계를 형성하는 계기가 되기도 한다. 그래서 이런 상황들이 당연히 발생할 수 있다는 사실을 받아들여야 한다. '이 고객은 왜 이렇게 말이 바뀌지? 갑자기 왜 틀어버리지? 오늘 따라 왜 이렇게 삐딱하시지?'처럼 자신의 계획과 달라졌다고 불안해하거나 상황을 받아들이지 못하면 다음으로 전진하기 어렵다.

판매 종결의 장애를 상상하는 것과 그것을 걱정하는 것은 분명한 차이가 있다. 걱정은 모호하고 불안만 키우지만 고객 의사결정의 걸림돌을 예상하는 것은 만반의 준비를 하는 것이다. 제대로 준비하면 예상된 고난은 힘을 잃고 구체적으로 표현된 두려움은 그 크기가 줄어든다. 고객의 거절 또한 마찬가지다. 막연히 거절이 두려워 피하기보다 다양한 거절 시나리오를 구체적으로 설정하고 대비하면 두려움의 크기를 줄일 수 있다. 마치 축구 선수가 거친 태클을 예상하고 훈련하듯 고객의 거절이나 돌발 상황에 대비해야 한다. 이는 감정적인 반응을 줄이고 전략적인 대응을 가능하게 한다.

영업에서 거절은 일상이다. 다만 같은 거절도 각기 다르게 대응해야 한다. 거절 극복 스크립트는 단순한 논증을 넘어 설득의 방식 자체를 확장하는 것이어야 한다. 이를 위해서는 다음과 같이 지속적으로 스크립트를 보완해야 한다.

- **고객의 반론 유형 분석**: 고객이 어떤 이유로 거절하는지 유형별로 정리한다.
- **다양한 관점의 해결책 준비**: 가성비, 장기적 이익, 감성적 접근 등 최소 10가지 이상의 대응법을 마련한다.

- **영업 담당자의 강점 반영**: 자신의 말투나 스타일에 맞게 효과적인 대응법을 조정한다.
- **실제 사례 업데이트**: 실전에서 효과가 있었던 방법을 스크립트에 반영하여 계속 개선한다. 또는 영업 사원이 제일 두렵고 당황스러운 상황을 지속적으로 추가한다.(예_네 번째 거절의 후속 조치, 구매할 것처럼 대화를 진전하다가 갑자기 마음을 바꾼 고객 상대하기, 거절하며 다음을 기약하는 잠재 고객과 관계를 망치거나 부정적인 인상을 남기지 않고 마무리하기)

거절을 기회로 만든다

거절을 새로운 가능성으로 본다

거절을 피해야 할 대상으로 본다면, 영업은 끝없는 두려움과 좌절의 연속이 된다. 하지만 거절을 새로운 가능성으로 본다면, 그것은 오히려 가장 강력한 무기가 된다. 거절은 단순한 저항이 아니라 고객이 자신의 속마음을 털어놓는 과정이다. 거절 극복에 앞서 먼저 거절을 '알아가는' 태도로 접근해야 한다.

선물 상자를 열어보는 마음으로 거절을 맞이한다

거절은 미지의 영역이다. 새로운 고객과 마주할 때마다 예상치 못한 거절이 튀어나온다. 하지만 거절이 나올 때 '이번에는 어떤 이야기가 나올까?'라는 기대감으로 접근해보자. 마치 선물 상자를 열어보듯 고객의 거절에서 그들이 진짜 원하는 게 무엇인지 탐색하는 과정으로 받아들이자. 다양한 거절을 기록하고 분석하면 더 풍성한 거절 극복 스크립트를 만들 수 있다.

거절은 고객이 마음을 열기 시작했다는 신호다

거절하는 순간 고객은 무의식적으로 생각과 감정을 표현한다. "비싸서 안 사요!"라는 말에는 단순한 가격 거부가 아닌 '가격만큼의 가치가 있을까?'라는 의구심이 숨어 있다. "시간이 없어요"라는 말에는 관심이 없다는 뜻이 아니라, '지금 나에게 정말 시급한 문제인가?'를 평가하는 과정이 숨어 있다. 거절을 듣는 순간 실망하기보다 '이 고객에게 지금 어떤 고민이 있을까?'라는 시선으로 접근해야 한다.

거절은 연구 과제다

영업에서 마주하는 거절은 단순한 장벽이 아니다. 거절은 풀어야 할 연구 과제이며, 한 가지 거절을 분석하고 해결하면 비슷한 상황의 대응법도 자연스럽게 생겨난다. 매번 새로운 거절을 만날 때마다 그것을 기록하고 다시 응용하는 과정을 반복하면 효과적인 대응법을 구축할 수 있다. 영업은 고객의 생각과 마음을 읽는 심리 연구이기도 하다.

한결같은 반복이 신뢰로 바뀐다

사람은 반복적으로 접촉한 대상에게 호감이 생긴다. 미국의 사회심리학자 로버트 자이언스Robert Zajonc는 실험을 통해 4주 동안 어떤 한 사람의 사진을 본 사람들이 사진 속 사람에게 점점 호감을 느낀다는 걸 알아냈다. 그리고 이를 '단순 노출 효과Mere Exposure Effect'라고 했다. 고객과의 관계도 마찬가지다. 처음에는 낯가리고 경계하던 고객도 시간이 지나면서 점점 익숙함을 느끼고 결국 신뢰가 형성된다. 첫 거절에 낙담할 게 아니라 지속적으로 접촉하며 친숙함을 쌓아가는 것이 중요하다.

거절은 영업의 일부가 아니라 영업 그 자체다

거절은 영업 과정의 장애물이 아니라 그 자체로 영업의 본질적인 요소다. 거절을 듣지 않고 바로 계약이 성사되는 영업은 존재하지 않는다. 따라서 거절은 두려워할 대상이 아니라 거절을 하나씩 풀어나가며 고객과의 신뢰를 쌓는 과정으로 바라봐야 한다. 거절을 하나씩 해결할 때마다 당신은 더 강한 영업 사원이 된다. 중요한 것은 거절을 이해하고 받아들이는 태도다.

거절은 끝이 아니라 시작이다

영업에서 거절은 실패의 순간이 아니다. 오히려 거절의 순간이야말로 진짜 대화가 시작되는 시점이다. 고객이 "아니요!"라고 말하는 이유를 탐구하고 그 속에 담긴 진짜 의미를 찾아내는 게 최고의 영업 기술이다. 거절을 피하지 말고 거절 속에서 배우자. 그러면 당신의 영업은 한 차원 높은 수준으로 도약할 것이다.

거절 극복 스크립트 작성 순서

거절 극복 스크립트를 효과적으로 작성하려면 체계적인 사고 흐름과 단계별 접근이 필요하다. 대응 문장을 단순히 나열하는 것이 아니라, 고객이 거절하는 이유를 깊이 이해하고 다양한 해결책을 설계하는 과정이 포함되어야 한다.

1단계. 사전 준비

UCLA 연구에 따르면 '상대방의 입장'에서 문제를 시뮬레이션한 집단이 그렇지 않은 집단보다 더 나은 결과를 얻었다고 한다. 즉 고객의 거절을 해결하는 가장 좋은 방법은 '그들의 입장'에서 사고 실험을 해보는 것이다. 고객의 질문을 단순히 경청할 것이 아니라 왜 그런 질문을 하는지 한 걸음 더 들어가야 한다.

- 예상 고객 반응과 질문 리스트업
- 고객에게 이 질문이 왜 중요한지 분석
- 거절 이유 유형별 분류
- 기존 거절 대응 사례 연구

2단계. 스크립트 개발

거절 극복 스크립트는 단순한 반박이 아니라 고객의 생각을 확장하는 도구다. 고객이 질문하는 이유를 깊이 공감하고, 미처 생각지 못한 가치를 제시함으로써 단순한 거절을 의미 있는 대화로 바꿔야 한다. 궁극적으로는 고객의 마음을 이기는 게 아니라, 고객이 스스로 더 넓은 시각에서 선택할 수 있도록 도와야 한다. 거절을 넘어 새로운 가능성을 만들어내는 스크립트가 준비될 때 영업의 성과도 확장된다.

- 고객 유형별 거절 대응 Q&A 작성
- 논리적 오류나 반박 가능성이 있는 부분 보완
- 고객이 예상치 못한 추가 가치 제안 포함
- 각 거절에 최소 3가지 대응 논리(플랜 B, 플랜 C) 준비

3단계. 테스트 및 업데이트

단순히 스크립트를 준비하는 것만으로는 부족하다. 세일즈 리허설을 통해 실제 대화에서 자연스럽게 활용할 수 있는 연습이 필요하다. 실제 고객과 대화하는 상황을 가정하고 예상되는 반응에 즉각적으로 대응하는 리허설을 해야 한다. 여기서 중요한 것은 애드리브를 적극 활용하는 것이다. 고객의 반응에 따라 기발한 표현이 나오거나, 더 자연스럽고 효과적인 대응법을 찾을 수 있다. 최상의 응답을 기록하고 나중에 다시 활용할 수 있도록 하자. 이 과정에서 스크립트는 계속 업데이트되어야 하며, 다양한 고객 유형에 맞춘 최적의 반응 패턴을 만들어가야 한다.

- 세일즈 리허설을 통한 실전 적용
- 현장에서의 피드백 반영
- 애드리브와 변형된 표현 보강
- 같은 거절이라도 10가지 이상의 대응법 개발

사례로 보는
거절 극복 스크립트 작성 요령

말 이면의 마음을 듣는다

거절 극복은 단순한 설득이 아니다. 고객이 "좀 더 생각해볼게요"라고 말할 때, 그 말 뒤에 숨은 진짜 감정을 읽어야 한다. 불안 때문인지, 단순한 비교 욕구 때문인지 혹은 다른 의사결정자의 동의가 필요한 의존적 성향 때문인지를 파악하는 게 먼저다. 말의 표면적인 의미를 듣는 것만으로는 고객의 진의를 파악할 수 없다. 그들의 몸짓, 말투, 망설임을 포착하는 것이야말로 거절 극복의 시작이다.

'거절'은 정말 거절일까? 고객이 "아니요"라고 말하면 정말로 거절하는 걸까? 고객의 말을 듣고 쉽게 포기해버리는 영업 사원이 많다. 하지만 거절의 말에 진짜 이유가 숨어 있다. 고객의 말 뒤에 숨은 감정을 읽어야 진짜 영업이 시작된다.

무심코 던진 말에 답이 있다. "하면 좋죠. 그런데 그렇게 한다고 뭐 고마워하겠어요?" 이런 말을 듣는 순간, 단순히 '관심 없는 고객이네'라고 생각한다면 오산이다. 이 말속에는 '나는 인정받고 싶다'라는 감정이 숨어 있다. 사람은 누구나 자신이 내리는 결정이 존중받기를 원한다. 그렇다면 이런 고객에게는 단순한 제품 설명보다 그 결정이 얼마나 의미 있는 것인지에 대한 공감과 존중을 보여줘야 한다.

"그러게요, 언제 어떻게 아플지도 모르고…"라고 말하는 고객은 무관심한 걸까? 아니다. 사실은 불안하다. 고객은 미래에 대한 걱정을 충분히 표현했다. 이때 고객이 느끼는 감정을 제대로 읽지 못하면, 그들의 불안을 해소할 기회를 놓치고 만다.

결론 대신 질문으로 대화를 이어간다

'감정을 읽는 영업'이 '강한 영업'이다. 강한 영업 사원과 그렇지 않은 영업 사원의 차이는 단순하다. 강한 영업 사원은 고객의 말을 '정보'로 듣지 않고 '감정'으로 듣는다. 고객이 "생각해볼게요"라고 말하면 단순한 '유보'일까? 아니면 '망설임의 신호'일까? 영업 사원은 말 한마디에 담긴 감정을 읽고 공감하며 거기에 맞는 대답을 해야 한다. 고객의 망설임이 어디서 오는지를 알아야 그것을 해소할 수 있다.

영업은 '말을 듣는 기술'이 아니라 '마음을 읽는 기술'이다. 많은 영업 사원이 말을 잘하는 것이 중요하다고 생각하지만, 사실 더 중요한 것은 '듣는 기술'이다. 더 나아가 그 말속에 숨겨진 진짜 감정을 읽는 능력이 필요하다.

고객이 정말로 관심이 없는 것인지, 관심은 있지만 명확한 동기가 부족한 것인지 파악하려면 질문을 잘해야 한다. "그렇다면 언제쯤 시간을 내실 수 있을까요?"라고 물으면 고객의 진짜 고민을 끌어낼 수 있다. 질문을 통해 고객의 망설임과 우려를 찾아내는 것이 핵심이다.

직접적인 결론을 던지는 것은 위험하다. "굉장히 신중하신 것 같아요"라는 말보다는 "제가 보기엔 굉장히 신중한 분 같은데, 그렇지 않나요?"라고 질문을 던지는 것이 효과적이다. "좀 더 비교해보신다고요?"라는 말 대신 "다른 회사의 유사 상품을 비교해보고 싶으신 것 같아요, 그런 걸까요?"라고 하면 고객이 자신의 마음을 더 명확하게 인식하고 대화를 이어갈 수 있다. "좋은 기회입니다"라는 단정적인 표현보다 "좋은 기회 같은데 어떻게 생각하세요?"라고 물어보는 것이 훨씬 설득력 있다. 고객이 스스로 답을 찾도록 유도하는 질문이야말로 거절을 극복하는 강력한 무기다.

고객의 관심사와 연결해 보충 설명한다

고객의 관심사는 본능적 욕구안전, 편안함, 효율성와 심리적 기대자아실현, 사회적 인정에서 비롯하며 구매 동기와 망설임의 갈림길에 자리한다. 거기에 더해 고객은 자신의 관심사를 명확히 표현하지 못할 때가 많다. 이를테면 "정확히 말할 수는 없지만, 왠지 아닌 것 같다"거나 "지금은 결정하면 안 될 것 같은 느낌" 같은 모호한 반응이다. 그 속에는 바람, 불안, 거절의 이유가 숨어 있다. 이런 감정들을 구체화해주고 그들의 내면에 귀 기울일 때, 고객은 비로소 안심하며 신뢰를 느낀다.

효과적인 거절 극복은 고객의 말 너머에 있는 마음을 읽어내고, 고객조차 깨닫지 못한 그들의 관심사와 욕구를 정확히 짚어주는 데서 시작한다. 고객이 스스로 '이건 내게 맞는 선택이구나'라고 느끼게 만드는 것이 진정한 거절 극복이다.

고객의 관심사를 헤아려 고객이 미처 말하지 않은 내적 거절을 끄집어내고 그것을 극복하는 스크립트 예문을 살펴보자.

비용이 부담스러워요

"당연히 비용에 부담을 느끼실 수 있어요. 혹시 다른 가능성이 있을지 찾고 싶은데, 어느 정도 비용이면 고객님께 현실적일까요? 지금 사용 중인 서비스는 어느 정도 비용이 드세요? 비용 대비 가장 아쉬운 점은 무엇일까요? 저희 서비스는 유지 비용이 20% 낮아 장기적인 절감 효과를 보셨다는 고객이 많습니다. 예를 들어 A 기업은 기존 서비스보다 연간 유지 비용을 20% 절감하면서도 서비스 품질을 유지할 수 있었습니다. 고객님도 이런 효과를 기대해보실 수 있지 않을까요?"

> **추가 예문**
>
> "지금 부담을 느끼시는 부분이 초기 비용일까요, 아니면 장기적인 총비용일까요?"
>
> "현재 비용에서 어느 정도 조정이 가능하다면 좀 더 고민해보실 수 있을까요?"
>
> "기존 서비스에서 비용 대비 만족스러운 점과 아쉬운 점을 비교해 보면 어떤 부분이 가장 중요할까요?"
>
> "비용 부담을 줄이면서도 성과를 유지했던 사례를 몇 가지 소개해 드릴까요?"
>
> "실제로 저희 서비스를 도입한 고객 중에서도 비용 절감이 고민이 셨는데, 결과적으로 유지비를 줄이면서 품질까지 개선되었다는 피드백이 많았습니다. 이런 부분이 도움이 될까요?"

효과를 믿을 수 없어요

"효율성이 정말 개선될까 싶으시군요. 그렇게 생각하실 수 있습니다. 혹여 제 설명이 충분치 않은가 싶어 여쭙는데요. 현재 업무가 매끄럽거나 효율적이지 않다는 점은 동의하시죠? 특히 반복되는 업무로 시간 소모가 많다는 건 고객님께서도 크게 느끼는 부분이시고요. 그 부분의 문제가 개선된다면 어떤 효과가 있을까요? 바로 그 점 때문에 말씀드리는 거예요. <u>A사가 저희 솔루션을 도입한 후 업무 속도가 30% 향상되었습니다.</u> 예를 들어 A사는 기존 시스템에서 자료 정리에 하루 3시간이 걸렸지만, 저희 솔루션을 도입한 후 2시간 이상을 절약할 수 있었습니다. 고객님 환경에서도 비슷한 효과를 보실 수 있지 않을까요?"

> **추가 예문**
>
> "현재 업무에서 어떤 프로세스가 가장 긴 시간을 차지하나요?"
>
> "기존 방식에서 개선하고 싶은 점이 있다면 어떤 부분일까요?"
>
> "비슷한 상황에서 효과를 의심하셨던 다른 고객들이 솔루션 적용 후 어떤 부분에서 가장 만족하셨는지 공유해드릴까요?"
>
> "저희 솔루션을 통해 자동화된 프로세스를 적용하면 지금보다 몇 시간을 절약할 수 있습니다. 이런 변화가 고객님께 실질적인 도움이 될까요?"
>
> "효율성이 개선된 사례를 구체적으로 보여드리면 더 이해하시기 쉬울까요?"

에러가 나고 문제가 생기는 경우가 많더라고요

"가끔 예상치 못한 오류가 생기면 당황스러울 때가 있죠. 최근에 그런 경험이 있으셨나요?"

"사용하시면서 번거롭다고 느끼신 순간이 있었을까요? 어떤 상황에서 특히 불편하셨나요?"

"제품을 사용하시면서 '이 부분이 조금 더 편했으면 좋겠다'라고 느끼신 적이 있었을까요?"

"사용 중에 어떤 부분이 가장 신경 쓰이거나 조심스러우신가요?"

"저희 제품은 '10만 시간 내구성 테스트'를 통과했습니다. 예를 들어 B사는 기존 제품에서 자주 발생하던 고장으로 인해 유지보수 비용이 계속 증가했지만, 저희 제품으로 교체한 후 문제 발생 빈도가 80% 감소했습니다. 고객님께서도 이런 안정성을 기대해보실 수 있지 않을까요?"

추가 예문

"기존 제품을 사용하실 때 어떤 부분이 가장 불편하셨나요?"

"사용 환경에 따라 내구성이 차이가 날 수도 있는데, 어떤 환경에서 주로 사용하실 계획인가요?"

"혹시 유지보수 비용이나 수리로 인해 예상보다 부담이 컸던 경험이 있었나요?"

"저희 제품은 평균 고장 발생률이 기존 제품 대비 50% 낮습니다. 이런 부분이 걱정을 덜어드릴 수 있을까요?"

"비슷한 고민을 하셨던 고객 중에 제품 도입 후 만족도가 높아진 사례가 많은데요. 이런 사례가 도움이 될까요?"

다른 회사의 비슷한 제안과 비교해보겠습니다

"이 결정이 정말 최선인지, 다른 회사랑 비교해봐야 하는 건 아닌지 고민하고 계시는군요. 허심탄회하게 말씀해주셔서 감사합니다. 고객님 생각도 일리 있습니다. 당연히 비교해보실 수 있으시죠. 비교하실 때 가장 중요하게 생각하는 기준이 무엇인가요? 가격, 성능, 유지보수, 서비스 지원 같은 요소 중 어떤 점이 가장 신경 쓰이시나요? 혹시 이전에 비슷한 선택을 하셨을 때, 결정적으로 중요했던 기준이 있었을까요? 저희는 AI 자동화 기능으로 경쟁사보다 처리 속도가 25% 빨라서 고객 응대 시간을 절반으로 줄일 수 있습니다. 고객님도 이런 효과를 기대해보실 수 있지 않을까요?"

> **추가 예문**
>
> "지금 비교하시는 옵션이 여러 개 있으실 텐데, 최종 결정에서 어떤 요소를 가장 중요하게 고려하시나요?"
>
> "과거에 비슷한 결정을 내리실 때, '이 점이 결정적이었다'라고 생각신 요소가 있었나요?"
>
> "비교 과정에서 궁금하신 점이나, 좀 더 명확하게 알고 싶은 부분이 있다면 저희가 도움을 드릴 수 있을까요?"
>
> "실제로 여러 경쟁사를 비교해보신 고객님들 중에서도, 최종적으

로 AI 자동화 기능 때문에 저희를 선택한 사례가 많았는데요. 이런 부분이 고객님께도 중요한 요소일까요?"

사용이 불편하고 더 복잡해질 것 같아요

"새로운 제품이나 시스템을 접할 때 적응하는 데 시간이 걸리는 경우가 많죠. 혹시 그런 경험이 있으셨나요?"

"기능이 많으면 편리하긴 하지만, 처음엔 조금 낯설 수도 있습니다. 어떤 방식이 가장 익숙하게 느껴지시나요?"

"사용해보신 제품 중에서 특히 편리했거나, 반대로 불편했던 경험이 있을까요?"

"혹시 처음 사용했을 때 쉽게 적응할 수 있었던 제품이 있었나요? 그 제품의 어떤 점이 좋다고 느끼셨나요?"

"저희 제품은 5분 만에 설정할 수 있으며, 95%의 고객이 '매우 직관적'이라고 평가했습니다. 예를 들어 D사는 기존 시스템이 복잡해 직원 교육에 오랜 시간이 걸렸지만, 저희 제품을 도입하면서 직관적인 사용법 덕분에 전 직원이 원활하게 사용하는 데 채 1시간이 걸리지 않았다고 합니다. 고객님도 쉽게 사용해보실 수 있겠죠?"

> **추가 예문**
>
> "기능이 너무 많으면 오히려 헷갈릴 수 있죠. 어떤 방식이 가장 편

리하다고 느끼시나요?"

"어떤 기능이 가장 필요하신가요?"

"새로운 제품을 도입할 때, 직원 교육이나 적응 기간이 중요한 요소인가요?"

"저희 제품은 실제 사용자의 95%가 '매우 직관적'이라고 평가했습니다. 이런 점이 고객님께도 중요한 요소인가요?"

"도입 후 불편 사항이 있으면 바로 지원해드릴 수 있는데, 이런 점이 부담을 덜어드릴 수 있을까요?"

가격보다 브랜드 신뢰도가 더 중요해요

"이미 익숙한 브랜드가 있어서 쉽게 바꾸기 어려우실 수 있죠. 처음 그 브랜드를 선택하실 때는 어떤 이유로 선택하셨나요?"

"아무래도 브랜드의 사회적 명성과 신뢰가 중요한 요소이긴 하죠. 반면 새로운 브랜드를 고려할 때 가장 걱정되는 부분은 어떤 점인가요?"

"지금 사용 중인 브랜드에 혹시 '이 부분은 좀 아쉽다'라고 생각하신 점은 없었나요?"

"신뢰할 수 있는 브랜드를 선택하는 게 중요하신데, 브랜드를 평가할 때 특히 어떤 요소가 결정적일까요? 역사, 사용자 후기, 기술력 중에서요."

"이 제품은 글로벌 어워드 수상작으로, 이미 많은 리더의 선택을 받았습니다. 예를 들어 E사는 기존 브랜드를 고집하던 고객이었지만, 저희 제품을 테스트한 후 신뢰성과 성능을 인정하며 변경을 결정했습니다. 이런 사례가 고객님께도 참고가 될까요?"

> **추가 예문**
>
> "혹시 새 브랜드를 고려한다면 어떤 조건이 가장 중요하신가요?"
> "브랜드 인지도가 중요한데, 혹시 새로운 브랜드라도 객관적인 성능이나 사용자 평가가 좋다면 고려해보실 의향이 있으신가요?"
> "저희 제품은 여러 글로벌 어워드를 수상하며 신뢰성을 인정받았습니다. 기존 브랜드와 비교해볼 만한 가치가 있을까요?"
> "처음에는 저희 브랜드가 생소해서 고민하셨던 고객분들도 있었는데, 실제 사용 후에는 만족도가 높았습니다. 그런 사례를 공유해드릴까요?"

익숙한 게 제일 안전해요

"오랫동안 써온 제품이 가장 익숙하실 것 같아요. 혹시 지금 사용 중인 제품에서 '이 부분이 나에게 더 맞춤형이면 좋겠다'라고 생각한 적이 있으셨나요?"

"모든 제품이 고객님 환경에 딱 맞춰지는 건 아니니 고민되실 것 같아요. 혹시 제품을 선택할 때 '이 기능만 나한테 맞게 조정되면 좋겠다'

라고 생각하시는 부분이 있을까요?"

"새로운 걸 도입할 때 기존 방식과 잘 맞아야 안심할 수 있죠. 혹시 지금 쓰시는 제품을 고객님 스타일에 맞게 조정할 수 있다면, 어떤 점이 가장 중요할까요?"

"맞춤화된 제품이 중요하실 것 같은데 기능, 설정, 디자인 중에서 특히 어떤 부분이 고객님께 꼭 맞아야 한다고 생각하시나요?"

"저희 제품은 고객님 취향에 맞춰 100% 커스터마이즈가 가능합니다. 예를 들어 F사는 기존 제품이 익숙해 새로운 시스템 도입을 망설였지만, 개별 맞춤 설정을 활용해 원하는 기능으로 최적화한 이후 빠르게 적응할 수 있었습니다. 고객님께서도 본인 스타일에 맞춰 조정할 수 있다면 더 편하게 사용하실 수 있지 않을까요?"

> **추가 예문**
>
> "혹시 기존 제품에서 '이 부분만 내 스타일에 맞게 바꿀 수 있으면 좋겠다'라고 생각하셨던 점이 있을까요?"
>
> "사용하시는 환경과 스타일에 따라 제품을 조정할 수 있다면, 어떤 부분을 맞추고 싶으신가요?"
>
> "저희 제품은 세부 기능을 고객님 환경에 맞게 조정할 수 있습니다. 이런 점이 고려하시는 요소에 포함될까요?"
>
> "비슷한 고민을 하셨던 고객분들도 맞춤 설정이 가능하다는 점 때문에 선택하셨는데요. 자세한 사례를 공유해드릴까요?"

"제품이 고객님 방식에 맞게 조정될 수 있다면 새로운 제품을 고려 하는 데 도움이 될까요?"

왠지 지금 결정하면 안 될 것 같은 느낌이 들어요

"아직은 확신이 다소 부족하시군요. 그러실 수 있어요. 편하게 결정하셔도 됩니다. 다만 어떤 부분에서 그런 생각이 드셨는지 궁금해요."

"고객님께서 무언가 선택하실 때 특별히 마음이 끌리는 요소가 있나요? 혹은 고객님을 망설이게 하는 요소는 보통 무엇인가요?"

"이 제품을 처음 접했을 때 '이 지점은 괜찮아 보인다'거나, '이 부분이 조금 걱정된다'라고 생각하신 부분은요?"

"결정하실 때 '이거다!' 하는 확신이 들었던 경험이 있으신가요? 그때 어떤 요소가 마음을 움직였는지 기억나시나요?"

"저희 제품은 브랜드 스토리에 공감한 고객들의 재구매율이 95%에 달합니다. 예를 들어 G사는 처음에는 막연한 불안감이 있었지만, 저희 브랜드 철학과 가치를 알고 난 후 신뢰가 생겨 선택하셨다고 해요. 고객님께서도 제품의 기능뿐만 아니라 저희 브랜드가 추구하는 가치를 알고 나면 느낌이 바뀔 수도 있지 않을까요?"

> **추가 예문**
>
> "이 제품을 처음 접했을 때와 지금의 느낌이 조금 다를까요? 혹시 어떤 점에서 차이를 느끼시나요?"

"결정을 내릴 때, '이건 괜찮다'라고 확신이 드는 순간이 있으셨을 텐데요. 그 확신을 주는 요소가 무엇이었나요?"

"선택하실 때 감각적으로 끌리는 부분이 있을 수 있고, 반대로 좀 더 신중하고 싶을 수도 있죠. 고객님께서는 어느 쪽에서 고민하고 계시나요?"

"많은 고객님이 처음엔 막연한 불안을 느끼셨지만, 브랜드 철학과 가치를 이해하면서 신뢰가 생겼다고 말씀하시곤 해요. 혹시 저희 브랜드를 더 알고 나면 느낌이 달라질 수 있을까요?"

"지금 당장 결정을 내리지 않으셔도 괜찮아요. 고객님께서 중요하게 생각하시는 요소를 좀 더 정리해드릴까요?"

환경과 지속 가능성도 고려해야죠

"환경을 고려한 선택을 하시는 점이 인상적이네요. 혹시 이전에 친환경 제품을 선택하셨던 경험이 있으실까요?"

"지금 사용하시는 제품이나 서비스 중에서도 친환경적인 요소를 보고 결정하신 게 있을까요?"

"환경과 지속 가능성이 중요하다고 생각하시는군요. 제품을 선택할 때 그중 어떤 부분을 특히 신경 쓰시나요? 생산 과정, 재료, 탄소 배출, 재활용 가능 여부 같은 요소 중에서요."

"환경을 고려한 선택을 하실 때, 가끔 '이게 정말 의미 있는 변화일까?'

하는 고민이 드실 수도 있을 것 같아요. 고객님께서는 어떤 기준으로 지속 가능성을 평가하시나요?"

"저희 제품은 연간 10톤의 탄소 배출을 절감하며 환경부 인증을 받았습니다. 예를 들어 H사는 친환경 정책을 강화하는 과정에서 여러 제품을 비교했지만, 저희 제품이 탄소 배출 절감 효과가 가장 높다는 점을 확인하고 최종 선택했습니다. 고객님의 고려 사항에 이런 환경적 가치가 포함되나요?"

> **추가 예문**
>
> "환경을 고려한 선택 중에 어떤 경험이 가장 만족스러우셨나요?"
>
> "기업이 환경을 위해 노력한다고 할 때, 고객님께서는 어떤 부분에서 진정성을 느끼시나요?"
>
> "지속 가능성을 고려한 제품을 선택할 때는 가격이나 성능과의 균형도 고민이 될 것 같은데, 고객님께서는 어떤 점을 가장 중요하게 보시나요?"
>
> "저희 제품은 환경부 인증을 받았고, 실제로 탄소 배출 절감 효과가 입증되었습니다. 이런 요소가 고객님의 선택 기준에 포함될까요?"
>
> "많은 고객님이 환경적 가치를 고려하면서도 실질적인 효과가 있는지를 고민하시는데요, 저희 제품의 지속 가능성 관련 데이터를 공유해드리면 도움이 될까요?"

A/S나 고객지원 서비스가 불안해요

"제품이 아무리 좋아도 문제가 생겼을 때 바로 도움을 받을 수 있는지가 중요한 부분이죠. 혹시 이전에 서비스 지원이 원활하지 않아서 답답했던 경험이 있으신가요?"

"아무래도 제품을 오래 사용하려면 A/S나 고객지원이 중요할 것 같은데요, 혹시 고객님께서는 서비스에서 어떤 점이 가장 신경 쓰이시나요?"

"예전에 A/S를 받았을 때 '이 부분은 좀 더 원활했으면 좋았을 텐데'라고 아쉬움을 느낀 적이 있으신가요?"

"문제가 생겼을 때 바로 해결할 수 있다면 더욱 안심하실 것 같은데요, 고객님께서는 지원 서비스에서 어떤 점이 가장 중요하다고 생각하시나요? 빠른 응답, 전문적인 해결, 아니면 지속적인 관리 지원 같은 부분일까요?"

"저희는 24시간 실시간 상담과 전문 엔지니어 1:1 지원을 통해 고객님이 불안함을 느끼시기 전에 문제를 해결합니다. 예를 들어 J사는 기존 서비스에서 A/S 대기 시간이 길어 어려움을 겪었지만, 저희 서비스를 이용한 후 평균 응답 시간이 5분 이내로 단축되면서 고객 만족도가 30% 이상 상승했습니다. 실제로 고객 문의의 95%가 첫 통화에서 해결되었다는 점은 고객님께도 안심되는 소식이 아닐까요?"

> **추가 예문**

"고객 지원 서비스는 제품을 오래 사용하는 데 중요한 요소인데요, 혹시 지금까지 이용하셨던 서비스 중에서 만족스러웠던 경험이 있으신가요?"

"A/S나 지원 서비스를 받을 때 '이 부분이 개선되면 좋겠다'라고 느끼신 적이 있나요?"

"제품을 선택할 때 성능뿐만 아니라 사후 지원도 중요한 요소인데요, 고객님께서는 어떤 지원 방식이 가장 편리하다고 느끼시나요?"

"저희는 24시간 실시간 상담과 1:1 엔지니어 지원을 제공하는데요. 이런 서비스 방식이 고객님께서 원하시는 부분과 잘 맞을까요?"

"비슷한 고민을 하셨던 고객님들이 실제로 사용해보시고 가장 만족했던 부분이 신속한 대응과 문제 해결력이었습니다. 이런 부분이 고객님께도 중요한 요소일까요?"

단계별 예상 거절 유형

고객 발굴 단계

① "지금은 관심 없습니다."
② "시간이 없어요, 바쁩니다."
③ "필요한 게 없습니다."
④ "이미 다른 업체와 거래 중입니다."
⑤ "연락처를 어디서 알았나요?"
⑥ "전화하지 말아 주세요."
⑦ "이런 제안은 원하지 않습니다."
⑧ "스팸 같아서 믿을 수 없어요."
⑨ "다시 연락하지 마세요."
⑩ "저는 결정권자가 아닙니다."

친숙 배양 단계

① "굳이 친해질 필요 없어요."
② "이런 대화는 불편합니다."
③ "바빠서 자세한 얘기는 힘들어요."
④ "개인적인 얘기는 하고 싶지 않습니다."

⑤ "그냥 본론만 얘기해주세요."

⑥ "이건 제 관심사와 거리가 멀어요."

⑦ "이런 접근 방식은 마음에 들지 않습니다."

⑧ "이미 충분한 정보가 있습니다."

⑨ "이런 얘기는 필요 없습니다."

⑩ "다른 업체에서도 비슷한 얘기 들었어요."

고객 니즈 분석 및 현황 파악 단계

① "굳이 설명할 필요 없어요."

② "우리 상황은 잘 아실 필요 없어요."

③ "왜 이렇게 많이 물어보세요?"

④ "그런 정보는 공개할 수 없습니다."

⑤ "이건 사적인 내용입니다."

⑥ "우리 회사 정책상 말할 수 없습니다."

⑦ "이미 잘 해결하고 있습니다."

⑧ "필요한 정보가 있으면 제가 얘기할게요."

⑨ "그 부분은 신경 안 쓰셔도 됩니다."

⑩ "이런 질문은 불편하네요."

대안 제시 단계(상품 제안)

① "가격이 너무 비싸네요."
② "이 제품은 제게 필요 없습니다."
③ "다른 제품이 더 나은 것 같아요."
④ "예산이 부족합니다."
⑤ "이미 비슷한 제품을 사용 중입니다."
⑥ "지금은 구매 계획이 없습니다."
⑦ "이 기능은 필요하지 않아요."
⑧ "경쟁사 제품이 더 좋아 보여요."
⑨ "결정하기엔 정보가 부족합니다."
⑩ "생각해보고 연락드릴게요."

구매 종결 단계

① "이미 마음을 정했습니다."
② "설득하려 하지 마세요."
③ "이건 제 결정과 맞지 않습니다."
④ "좋은 제안이지만 필요 없습니다."
⑤ "지금은 타이밍이 아닙니다."
⑥ "너무 부담스럽습니다."
⑦ "생각보다 복잡하네요."

❽ "다른 선택지가 더 좋아 보여요."

❾ "우리 상황과 맞지 않습니다."

❿ "계속 설명하지 않으셔도 됩니다."

거절 대응 단계

❶ "이미 여러 번 설명 들었어요."

❷ "이해는 했지만, 여전히 필요 없습니다."

❸ "그렇게 말씀하셔도 마음이 바뀌지 않습니다."

❹ "이건 저희 정책상 어렵습니다."

❺ "추가 혜택이 있어도 관심 없습니다."

❻ "다른 걸 제안하셔도 소용없어요."

❼ "설명을 더 들어도 결론은 같아요."

❽ "이건 단순한 문제가 아닙니다."

❾ "아무리 좋아도 지금은 안 됩니다."

❿ "시간 낭비 같아요."

청약 및 소개 요청 단계

❶ "계약하기엔 아직 고민이 많아요."

❷ "다시 생각할 시간이 필요합니다."

❸ "지금은 결정할 수 없습니다."

④ "더 좋은 조건이 필요해요."
⑤ "이 정도로는 소개하기 어렵네요."
⑥ "소개할 사람 없습니다."
⑦ "아직 만족스럽지 않습니다."
⑧ "계약서에 사인하기엔 망설여집니다."
⑨ "지금은 예산이 맞지 않습니다."
⑩ "친구에게 추천하기엔 부담스럽네요."

B2C, B2B, B2G 영업에서의 거절 유형

B2C개인, B2B법인·기업, B2G정부·공공기관는 의사결정 과정과 구매 이유가 다르므로 거절 패턴에도 차이가 있다.

B2C 거절 유형

특징 감정적, 가격 민감도 높음, 즉흥적인 의사결정

① "가격이 너무 비싸요."(가성비 중시)
② "필요성을 못 느껴요."(제품·서비스 가치 인지 부족)
③ "다른 곳에서 더 싸게 봤어요."(가격 비교)
④ "배우자(가족)와 상의해볼게요."(공동 의사결정)
⑤ "지금은 돈이 없어요."(재정 문제)
⑥ "인터넷으로 알아보고 연락할게요."(스스로 정보 탐색 선호)
⑦ "사용해본 적이 없어서 불안해요."(신뢰 및 후기 부족)
⑧ "다음에 생각해볼게요."(결정 회피)
⑨ "지금은 필요 없어요."(구매 타이밍 부재)
⑩ "계약 기간이 길어서 부담돼요."(장기 약정 거부)

대응 팁 감정 공감, 혜택 강조, 체험 기회 제공

B2B 거절 유형

특징 논리적, 비용 대비 효과 중시, 다중 의사결정자 존재

① "예산이 부족합니다."(예산 제한)
② "현재 다른 공급업체와 계약 중입니다."(기존 거래처 유지)
③ "도입해도 효과가 불확실해요."(ROI 의심)
④ "결정 권한이 제게 없습니다."(의사결정권 부재)
⑤ "사내 검토 절차가 복잡해요."(프로세스 장벽)
⑥ "비슷한 제품을 더 저렴하게 제안받았습니다."(가격 경쟁)
⑦ "우리 업종에는 맞지 않는 것 같아요."(솔루션 적합성 의심)
⑧ "지원 서비스가 부족해보여요."(A/S, 고객 지원 중요)
⑨ "지금은 도입 시기가 아닙니다."(프로젝트 우선순위 부재)
⑩ "리스크가 크지 않나요?"(변화에 대한 조직 내 반발)

대응 팁 명확한 데이터와 사례 제시, ROI 근거 제공, 의사결정자의 고충 지점(Pain Point) 집중 공략

B2G 거절 유형

특징 공공성·안정성 중시, 절차·입찰 기반, 의사결정 다중·복잡

① "입찰 자격 요건이 맞지 않습니다."(자격 기준 불충족)
② "공공 조달 절차를 따르셔야 합니다."(조달청 및 규정 문제)
③ "이미 예산을 다 배정했습니다."(연간 예산 집행 완료)

④ "정부 표준 솔루션을 사용 중입니다."(표준화된 정책)

⑤ "이 사업은 아직 공고가 나지 않았습니다."(사업 타이밍 문제)

⑥ "지역업체를 우선 고려해야 합니다."(지역경제 우대 정책)

⑦ "정책 방향과 맞지 않습니다."(정책 일관성 중요)

⑧ "관계 부서 협의가 필요합니다."(타 부서 협의 필요)

⑨ "기술 검증 및 시범 사업이 먼저입니다."(시범 사업 요구)

⑩ "사회적 가치를 더 중시합니다."(ESG, 공공성 강조)

대응 팁 공공성 및 사회적 가치(ESG) 강조, 시범 사업(Pilot) 제안, 철저한 입찰 준비

chapter 09

스크립트를 두 배로 활용하는 방법

스크립트는 고객 상담, 세일즈, 교육 등 다양한 분야에서 핵심 역할을 한다. 그러나 스크립트를 단순한 대본으로만 여긴다면 효용이 제한될 수밖에 없다.

칼은 잘못 사용하면 흉기가 되지만, 생명을 살리는 수술 도구가 되기도 한다. 스크립트도 마찬가지다. 기계적으로 암기하고 그대로 전달하면 고객에게 불편함을 줄 수 있고, 상담의 흐름을 오히려 경직시킬 수도 있다. 반면 상황에 따라 유연하게 적용하고 대화의 흐름에 맞춰 조율하면 신뢰를 쌓고 설득하는 강력한 도구가 된다.

스크립트를 효과적으로 활용하기 위해 기억해야 할 두 가지 원칙을 살펴보자.

핵심만 담는다

스크립트를 작성할 때는 불필요한 정보를 걸러내고 핵심만 남기는 '필터링' 과정이 필수다. 또한 중요한 정보와 덜 중요한 정보를 구별해 영업 사원이 핵심을 빠르게 파악하고 고객에게 명확히 전달할 수 있도록 해야 한다.

스크립트를 작성할 때 흔히 빠지는 함정 중 하나가 모든 상황을 완벽하게 대비하려는 생각이다. 이런 사고는 오히려 영업 사원과 고객 모두에게 피로감을 줄 수 있다. 정보의 과잉은 정보 자체의 가치를 떨어뜨리고, 영업 사원이 핵심을 놓치기 쉽게 만든다. 오히려 영업 사원이 창의력을 발휘해 자연스러운 대화를 이끌 수 있도록 여유 공간을 남기는 것이 좋다.

현실의 요구를 반영한다

스크립트는 정적인 문서가 아니라 끊임없이 변화하는 환경에 맞춰 진화해야 하는 도구다. 정보를 잘 정리하고 핵심 메시지를 강조하는 동시에 영업 사원이 유연하게 대처할 수 있는 여지를 남긴다.

스크립트는 대화의 방향성을 제시하는 가이드일 뿐이다. 스크립트에만 의존하지 말고 고객의 말을 경청하며 진심으로 공감하는 태도를 유지하자. 그래야 고객의 상황에 맞는 진정성 있는 대화를 끌어낼 수 있다. 상황에 따라 스크립트를 업데이트하고 재구성하는 것을 두려워하지 않아야 한다.

PART 5

몰입을 리허설하라

: 세일즈 리허설 성공 법칙 3

몰입을 위한 7가지 포인트

세일즈 리허설에서 스크립트는 중요한 가이드 역할을 한다. 하지만 실전은 그저 스크립트를 읽듯이 진행할 수 없다. 세일즈는 일방적인 발표가 아니라 고객과의 상호작용이며, 살아 있는 대화이기 때문이다. 대화는 당구공처럼 일직선으로 굴러가지 않는다. 서로의 에너지를 교류하며 예기치 못한 방향으로 흘러가기도 하고, 때로는 새로운 기회를 만들어내기도 한다.

리허설에서는 준비한 스크립트에만 집중할 것이 아니라, 실제 고객과 마주했을 때 필요한 '보이지 않는 감각'을 훈련하는 것이 중요하다. 이를 위해 7가지 요소를 리허설의 중점 포인트로 삼아야 한다.

❶ 고객 감정을 읽는다: 간파하기
❷ 고객 관심사에 연결 짓는다: 브리지 놓기

❸ **타이밍을 포착한다**: 리듬 타기
❹ **자연스럽게 유도한다**: 리드하기
❺ **흐름에 맞춰 순환한다**: 순환하기
❻ **A, B, C플랜을 실험한다**: 실험하기
❼ **평정심을 갖는다**: 중심 잡기

고객 감정을 읽는다: 간파하기

영업의 핵심은 고객과의 교감이다. 세일즈는 논리로 설명하는 과정이 아니라 고객의 감정을 이해하고 반응하는 과정이다. 고객의 이야기에 맞장구를 치거나 칭찬을 건넬 때는 진정성과 직관이 어우러져야 한다. 고객이 망설이고 있는지, 흥미를 느끼는지, 불편함을 느끼는지 등에 따라 같은 말이라도 받아들이는 방식이 달라지기 때문이다. 고객의 감정을 읽어내려면 체계적인 관찰과 분석, 검증의 과정을 거쳐야 한다.

리허설에서 구상할 것

- 고객의 표정, 목소리, 말투에서 감정 변화를 감지하기
- 같은 말이라도 맥락에 따라 다르게 해석되는 경우를 분석하기
- 고객의 감정을 읽고 이를 확인하는 질문을 던져 검증하기

■ 직관에 의존하지 않고 감정 읽기의 체계를 정립하기

과도한 맞장구는 가식적으로 보일 수 있고, 지나치게 무표정하거나 감정 없는 반응은 냉담한 인상을 줄 수 있다. 두 요소 사이에서 기계적으로 반반 균형을 유지하는 것은 의미가 없다. 고객이 기준이다. 고객이 흥미롭게 이야기할 때는 적절한 감탄사나 다소 과장된 맞장구를 사용해도 된다. 반대로 고객이 진지한 고민을 나눌 때는 조용히 고개를 끄덕이거나 담담하게 들어주기만 해도 된다.

영업 사원들이 '세련된 화법'이나 '유창한 표현력'에 목말라하는 경우가 많은데 그것은 그다지 중요치 않다. 대화의 품질은 얼마나 세련되었느냐가 아니라 고객과 얼마나 조화를 이루느냐에 달려 있다. 옷을 고를 때 그저 예쁜 옷을 고르기보다 자신의 체형과 스타일, 용도에 맞는 옷을 고르는 것과 같은 이치다. 옷이 아무리 멋져도 나에게 맞지 않으면 소용이 없듯 말이 유창하더라도 지금 앞에 있는 고객 상황에 맞지 않으면 말 잔치에 불과하다.

간파하기의 3단계 구조

1단계. 목적의식을 갖고 관찰하기

고객의 감정을 읽기 위해서는 먼저 무엇을 관찰할 것인지를 정해야 한다. 보려고 해야 보이는 법이다. 고객의 표정, 목소리 톤, 말의 흐름, 몸짓 등을 의식적으로 살피자. 또한 고객이 특정 단어를 반복해 사용하거나 시선을 피하는 순간처럼 작은 신호도 놓치지 말아야 한다. 관찰 포인트가 있어야 눈에 잘 들어온다. 이는 직감을 개발하고, 세부적인 감정 변화까지 포착할 수 있는 기량을 키워준다.

2단계. 빠르게 의미를 해석하고 오류를 걸러내기

고객이 보이는 감정 신호가 무엇을 의미하는지 판단하다 보면 오류가 생기기도 한다. 착각하거나 오해하는 경우다. 같은 말이라도 사람마다 다르게 사용할 수 있기 때문이다. 예를 들어 고객이 "글쎄요"라고 말했을 때 이것이 긍정의 의미인지, 사양의 표현인지는 다른 여러 요소와 함께 해석해야 한다. 세일즈 리허설은 이러한 과정에서 발생할 수 있는 오류를 줄이기 위해 하는 것이다. 리허설을 통해 자신이 주로 고객의 반응을 긍정적으로 해석하는 편인지, 부정적으로 해석하는 편인지, 아예 알아채지 못하고 자기 말을 하기에 바쁜지, 자기 나름의 해석으로 단정 짓고 고객의 마음을 오해하는 편인지 관찰할 수 있다.

3단계. 자신이 읽은 감정이 맞는지 다양한 방법으로 검증하기

감정을 읽는 것만으로는 부족하다. 자신이 해석한 감정이 맞는지 확인하는 과정이 필요하다. 고객에게 가벼운 질문을 던져 반응을 확인하거나, 고객이 한 말의 의미를 다시 한번 정리하며 교차 검증해야 한다. 예를 들어 "이 부분이 가장 궁금하다는 말씀이죠?" 같은 질문을 활용하면 고객을 더 알아가는 데 도움이 된다. 고객의 감정에 대한 가설을 세우고, 이를 검증하는 과정이 간파 능력의 적중률을 높인다.

간파하기 관찰 포인트

- 고객의 표정, 몸짓, 말투의 변화를 읽고 있는가?
- 감정을 해석할 때 즉각적으로 단정 짓지 않고 여러 가능성을 고려하고 있는가?
- 자신이 읽은 감정이 맞는지 고객의 반응을 통해 검증했는가?
- 감정 정보를 세일즈 대화에 효과적으로 반영했는가?

간파하기 대화 활용 예시

통신사 상담 사례

"요즘 스마트폰을 하루 종일 사용하게 되는 것 같아요.(반응 읽기) 데이터 사용량도 점점 늘어나고, 특히 영상 시청이나 업무 사용량이 늘어나면서 빠른 속도와 안정적인 연결이 중요해지더라고요.(오류 걸러내기) 고객님은 평소 어떤 용도로 데이터를 가장 많이 사용하세요?(검증하기)"

헬스장 상담 사례

"운동을 꾸준히 하는 게 쉽지 않죠.(반응 읽기) 처음에는 열심히 다니다가도 어느 순간 흐름이 끊기면 다시 시작하기 어렵더라고요.(오류 걸러내기) 고객님은 운동하실 때 가장 신경 쓰는 부분이 지속적인 습관 유지인가요, 아니면 특정 목표 달성인가요?(검증하기)"

병원 상담 사례

"최근에는 건강을 미리 관리하려는 분들이 정말 많아진 것 같아요.(반응 읽기) 특히 정기 검진을 받으면서 생활 습관을 개선하는 분들도 많고, 사전에 질병을 예방하는 게 중요해지고 있죠.(오류 걸러내기) 고객님은 건강 관리에서 가장 신경 쓰는 부분이 예방인가요, 아니면 현재의 특정 증상 관리인가요?(검증하기)"

chapter 03

고객 관심사와 연결 짓는다
: 브리지 놓기

고객과의 대화에서 중요한 것은 말을 많이 하는 것이 아니다. 아무리 논리적으로 설명해도 듣고 싶은 말을 듣지 못하면 고객의 마음은 움직이지 않는다. 오히려 말을 길게 할수록 고객은 산만해지고 핵심을 놓치기 쉽다. 진짜 중요한 건 고객과 연결된 말, 고객이 듣고 싶은 타이밍에 던질 메시지를 골라내는 것이다. 이때 필요한 것이 바로 브리지Bridge 대화다.

브리지 대화는 고객이 제공한 정보나 대화 속에서 드러난 단서를 활용해 상품의 장점과 혜택을 자연스럽게 연결하는 것이다. 이 길과 저 길 사이에 다리를 놓듯 상품과 고객 사이에 다리를 놓는 일이다.

고객이 대화 중 표현한 관심사취미, 라이프스타일, 가치관 등를 활용해 상품과의 접점을 만들면 고객은 영업 사원을 단순한 상품 판매자가 아닌 개인적인 대화를 나누는 상대처럼 느낄 수 있다.

> **리허설에서 구상할 것**
> - 대화로 얻은 고객의 정보와 상황 단서에서 상품 혜택으로 자연스럽게 연결하기
> - 고객의 거절 반응을 상품 경쟁력과 연결하여 대응하기
> - 고객의 관심사를 활용하여 자연스럽게 세일즈로 연결하기

브리지 대화는 미리 계획한 스크립트를 전달하는 수준을 벗어나, 고객을 이야기의 중심에 두는 소통 방법이다. 상품을 부각하는 것이 아니라 고객을 주인공으로 만든다.

브리지 대화에서 가장 중요한 요소는 자연스러움과 적절성이다. 고객의 관심사와 동떨어진 화제를 억지로 연결하거나 필요 이상으로 긴 잡담을 이어가는 것은 효과적이지 않다. 고객의 반응을 세심하게 관찰하며 언제 대화를 이어가고 언제 본론으로 넘어갈지를 적절히 조율해야 한다. 이를 위해 브리지 대화의 3단계 구조를 숙지하고 세일즈 리허설로 감각을 체득해야 한다.

브리지 놓기의 3단계 구조

1단계. 고객 관심사 언급하기(주제 열기)

고객이 쉽게 공감할 수 있는 가벼운 주제나 일상 이야기로 대화를 시작한다. 계절이나 트렌드 혹은 고객이 흥미를 느낄 만한 최근 이슈 등을 활용하면 효과적이다.

2단계. 상품 설명하기(핵심 메시지 연결)

고객의 관심사에서 영업 사원이 전달하고 싶은 상품이나 서비스로 자연스럽게 연결한다. 이 과정에서 문제 해결 방식, 이점, 차별점을 간결하게 설명해야 한다.

3단계. 고객 관심사로 다시 연결하며 의향 묻기(확장하기)

설명을 마무리하며 고객의 참여를 유도하는 질문을 던진다. 고객의 생각, 니즈, 선호도를 자연스럽게 끌어내 대화를 확장한다. 이를 통해 영업 사원은 부드럽게 대화의 주도권을 유지하면서, 고객의 필요를 더욱 명확히 파악할 수 있다.

> **브리지 놓기 관찰 포인트**
>
> ■ 대화가 고객의 관심사와 밀접하게 연결되어 있는가?
> ■ 고객이 긍정적인 반응(미소, 끄덕임 등)을 보이며 자연스럽게 대화를 이어가고 있는가?
> ■ 핵심 메시지로 무리 없이 연결되고 있는가?

브리지 놓기 활용 예시

구독형 가구 상담 사례

"아이가 4학년이라고 하셨죠? 요즘 부쩍 키도 크고 취향도 달라지지 않았나요? 이제 어린이 가구보다는 청소년 가구를 고민하실 때가 된 것 같아요. 요즘은 가구를 고정적으로 사기보다 필요할 때 바꿀 수 있는 구독형 가구를 이용하는 분들도 많더라고요. 혹시 이런 방식 들어보신 적 있으세요?(고객 관심사와 연결) 구독형 가구는 아이의 성장에 맞춰 교체할 수 있어서 한 번 사서 오래 쓰는 것보다 훨씬 실용적이에요.(상품 설명) 고객님은 아이 가구를 선택하실 때 디자인, 실용성, 관리 편의성 중에서 어떤 부분을 가장 중요하게 생각하세요?(확장)"

화장품 세일즈 상담 사례

"요즘 테니스 배우신다고 하셨죠? 실외에서 운동하면 햇빛 때문에 피부가 쉽게 건조해질 텐데요. 그래서 요즘은 운동 후에도 수분을 오래 유지해주는 제품을 찾는 분들이 많아요. 혹시 운동 후 피부가 당긴다거나 건조함을 느끼신 적 있으세요?(고객 관심사와 연결) 이 제품은 하루 종일 촉촉함을 유지하는 보습 성분이 들어 있어서 운동 후에도 피부 컨디션을 유지하는 데 도움이 돼요.(상품 설명) 고객님은 스킨케어 제품을 선택하실 때 보습력, 성분, 사용감 중에서 어떤 부분을 가장 중요하게 생각하세요?(확장)"

보험 세일즈 상담 사례

"얼마 전에 가족 여행을 다녀오셨다고 하셨죠? 여행하면서 많이 걸어 다니면 피로가 쌓이기도 하고, 컨디션 조절이 쉽지 않잖아요. 그래서 요즘은 건강을 미리 관리하는 게 중요하다고 생각하는 분이 많더라고요. 고객님도 평소 건강 관리를 위해 특별히 신경 쓰시는 부분이 있으세요?(고객 관심사와 연결) 저희 보험은 예방 검진뿐만 아니라 건강 관리 프로그램까지 보장 범위에 포함되어 있어서 미리 건강을 챙기는 데 큰 도움이 돼요.(상품 설명) 고객님은 보험을 선택하실 때 보장 범위, 가입 비용, 추가 혜택 중에서 어떤 부분을 가장 중요하게 생각하세요?(확장)"

타이밍을 포착한다: 리듬 타기

세일즈에서 타이밍은 결정적 변수다. 같은 음식도 배고픈 사람과 배부른 사람이 느끼는 맛이 다르듯, 같은 말이라도 언제 어떤 맥락에서 전달하느냐에 따라 효과가 다르다. 아무리 좋은 상품이나 혜택도 준비되지 않은 순간에 제안받으면 거부감이 들지만, 관심을 가질 순간에는 훨씬 자연스럽게 받아들일 수 있다. 그래서 고객의 반응을 세밀하게 읽고, 말할 타이밍을 적절하게 조율하는 연습이 필요하다.

무슨 말을 하느냐보다 언제, 어떤 맥락에서, 어떻게 말문을 열지를 구상해야 한다. 때로는 한 박자 쉬어가는 침묵이 더 큰 울림을 주기도 하고 때로는 빠른 피드백이 고객의 관심을 잡아둔다. 유창한 말솜씨나 화려한 세일즈 스크립트보다 중요한 것은 고객의 흐름에 맞춰 적절한 타이밍에 개입하는 능력이다.

세일즈는 말 잘하는 사람이 아니라, 상대의 반응을 세밀하게 읽고 최적의 순간을 포착하는 사람이 잘한다. 고객과의 대화에서 자신이 하려는 말이 지금 적절한지를 항상 염두에 두자.

> **리허설에서 구상할 것**
> - 고객의 반응을 관찰하며 대화의 흐름 속에서 적절한 타이밍 포착하기
> - 즉각 반응하기보다 상황을 기다리고 타이밍을 조율하는 전략적 침묵 활용하기
> - 고객의 관심이 높아지는 순간을 포착하고 자연스럽게 대화를 확장하는 방법 실험하기
> - 강요가 아니라 고객이 스스로 타이밍을 맞췄다고 느끼도록 유도하는 법 익히기

타이밍도 메시지다. 디저트가 너무 빨리 나오면 주요리를 망치고, 너무 늦게 나오면 감동이 반감된다. 무작정 말을 많이 할 것이 아니라, 고객이 듣고 싶은 순간을 포착해서 말해야 한다. 너무 빨리 말을 꺼내면 고객을 존중하지 않는 느낌이 들고, 타이밍을 놓치면 고객의 주의력도 놓친다. 고객의 관심과 니즈는 순간적으로 형성되었다가 사라지기도 한다. 타이밍을 포착하고 개입하는 기술을 연습하자.

리듬 타기의 3단계 구조

1단계. 불필요한 타이밍에서 개입하지 않기(기다릴 줄 알기)

타이밍을 맞춘다는 것은 말을 많이 하거나 즉각적인 반응을 보이는 것이 아니다. 고객이 부담을 느끼는 순간이라면 한 걸음 물러나는 것도 중요한 전략이다. 고객이 생각을 정리하는 시간, 정보를 곱씹는 순간을 존중하면 오히려 신뢰가 쌓인다. 세일즈는 밀어붙이는 것이 아니라 흐름을 함께 만드는 과정이다.

2단계. 타이밍을 놓치지 않기(적절한 순간을 기다리기)

타이밍을 맞춘다는 것은 빨리 반응하는 것이 아니라, 고객이 받아들일 준비가 된 순간을 기다리는 것이다. 고객이 고민하는 순간에 억지로 설득하면 방어적인 태도를 유발할 수 있다. 고객이 필요성을 인식하고 스스로 결론에 도달할 수 있도록 시간을 제공해야 한다.

3단계. 고객이 수용할 순간에 자연스럽게 개입하기(타이밍 활용하기)

고객이 필요성을 느끼는 순간은 세일즈의 '골든타임'이다. 이때 자연스럽게 혜택을 설명하고 다음 단계로 넘어가는 것이 중요하다. 예를 들어 고객이 특정 제품에 관심을 보이거나 '이런 점이 조금 걱정된다'는 말을 꺼냈다면, 이는 세일즈 기회가 열리는 순간이다. 강요가 아니라 고객의 생각을 이어가는 방식으로 접근해야 한다.

> **리듬 타기 관찰 포인트**
> - 고객이 관심을 보이는 순간을 포착하고 적절히 개입했는가?
> - 고객이 방어적인 상태일 때 무리하게 설득하지 않고 기다렸는가?
> - 고객이 침묵하거나 생각 중일 때, 대화 속도를 늦추거나 잠시 멈췄는가?
> - 빠르거나 느린 템포 때문에 고객이 불편해하지 않았는가?

리듬 타기 활용 예시

건강검진 패키지 상담 사례

"최근 건강검진을 받아본 적 있으세요?(반응 관찰하기) 요즘은 예방이 치료보다 중요해서 미리 건강 상태를 점검하는 분들이 많더라고요.(적절한 순간 기다리기) 이번에 검진 항목이 추가된 패키지가 있는데 관심 있으시면 안내해드릴까요?(자연스럽게 개입하기)"

온라인 교육 서비스 상담 사례

"아이 학습 계획을 세우실 때 어떤 부분을 가장 신경 쓰시나요?(반응 관찰하기) 요즘 자기주도 학습이 중요하다고들 하지만, 막상 실천하기 쉽지 않죠.(적절한 순간 기다리기) 아이가 부담 없이 스스로 공부할 수 있는 프로그램이 있는데 한번 들어보시겠어요?(자연스럽게 개입하기)"

법률 상담 서비스 상담 사례

"최근 계약 관련해서 고민하시는 부분이 있으신가요?(반응 관찰하기) 계약서를 직접 검토하다 보면 놓치는 부분이 있을 수 있어서 많은 분이 전문가 상담을 받고 계세요.(적절한 순간 기다리기) 혹시 지금 계약 관련해서 확인해보고 싶은 부분이 있으신가요?(자연스럽게 개입하기)"

자연스럽게 유도한다: 리드하기

세일즈가 서비스와 다른 점은 고객을 따라가는 게 아니라 고객을 이끈다는 데 있다. 서비스는 고객의 요청에 부응하는 일이지만, 세일즈는 고객이 미처 알지 못했던 가능성과 선택지를 열어주는 일이다. 그래서 세일즈는 더 어렵고 매력적이다. 이때 고객을 이끈다는 건 억지로 끌고 가는 게 아니다. 너무 앞서가면 강압적이라는 인상을 주고, 너무 뒤처지면 '그저 설명만 들어보는' 상담이 되어버린다.

고객은 리드당하는 것을 싫어하는 것 같지만, 사실은 방향을 잡아줄 사람을 기다린다. 그 미묘한 균형을 잡는 것이 세련된 주도권이다. 그 감각은 책으로도 이론으로도 배울 수 없고, 오직 리허설을 통해서만 체득할 수 있다. 리허설은 단지 말하는 연습이 아니라 고객의 반응을 읽고 어떤 순간에 한 발 나서고 언제 멈춰야 할지를 몸으로 익히는 훈련이다. 스스로 말하고, 멈추고, 반응을 감지하고, 방향을 미세하게 조정하는 그 모든 과정에서 리드하는 감각을 익힐 수 있다.

> **리허설에서 구상할 것**
> - 고객이 의사결정 과정에서 망설일 때 적절한 질문을 던져 자연스럽게 선택 유도하기
> - 각 대화 단계마다 테스트 클로징을 시도하며 고객의 반응을 점검하기
> - 강압적인 설득이 아니라 고객이 스스로 선택할 수 있도록 신뢰를 구축하며 흐름 조율하기

리드하기의 3단계 구조

1단계. 고객이 최종 선택 단계에 있다는 걸 인식시키기(결정 과정 확인)
첫 번째 단계에서는 '이미 충분한 정보를 얻었고, 이제 마지막 결정을 내릴 차례'라는 사실을 고객이 스스로 인식하도록 유도해야 한다. 이때 고객이 스스로 '아직 결정을 내리지 못했다'라는 느낌을 받기보다 '이제 결정할 시점이 왔다'라고 깨닫게 만드는 것이 중요하다.

결정을 재촉하는 듯한 표현은 부담을 줄 수 있으므로 대화를 정리

하면서 마무리 단계에 도달했음을 자연스레 느끼게 해야 한다. 예를 들어 "이제 고객님께 딱 맞는 옵션을 선택하는 일만 남았네요", "여기까지 고민하셨다면 이제 결정하실 차례인 것 같아요"라고 말하면 고객은 '아, 이제 선택할 때가 됐구나' 하고 인식하게 된다.

2단계. 지금 결정하는 게 가장 좋은 이유를 강조하기(선택 유도)

두 번째 단계에서는 고객이 선택을 망설이지 않도록 '지금 결정하는 게 가장 좋은 이유'를 강조해야 한다. 여기서는 지금 선택하면 얻을 수 있는 추가적인 혜택이나 다른 고객의 사례를 활용하는 게 효과적이다. 예를 들어 "지금 가입하시면 추가 할인 혜택이 적용돼서 훨씬 좋은 조건으로 시작하실 수 있어요", "이 옵션을 선택한 분들의 후기가 굉장히 좋더라고요"와 같은 말로 고객이 '지금 선택하는 게 이득이구나'라고 느끼게 만들어야 한다.

긴급성을 살짝 부각하는 것도 방법이다. "이 조건은 이번 주까지만 적용되는데, 고객님도 이 혜택 받으시는 게 좋겠죠?" 같은 말은 결정을 미루다가 혜택을 놓칠 수도 있다는 심리를 자극할 수 있다.

3단계. 구매를 당연하게 만들고, 선택지를 좁혀 결정 유도하기(방식 결정)

세 번째 단계에서는 '구매할지 말지'가 아니라 '어떤 방식으로 구매할지'에 초점을 맞춰야 한다. 고객이 구매를 기정사실로 받아들이고 본인이 원하는 방식을 스스로 선택하도록 유도하는 단계다. "설치 일정을 이번 주로 할까요, 다음 주로 할까요?", "멤버십을 6개월로 시작해 볼까요, 아니면 12개월로 할까요?" 같이 폐쇄형 질문 선택형 질문을 사용하면 고객이 '사야 하나 말아야 하나'가 아니라 '어떤 옵션이 나한테 더 맞을까'로 생각의 방향을 바꾸게 된다.

이 단계에서는 최대한 자연스러운 마무리가 중요하다. "그렇다면 리스 기간은 36개월이 좋을까요, 48개월이 좋을까요?"처럼 결정을 부드럽게 확정해 나가면서 고객이 스스로 구매를 확신할 수 있게 한다.

리드하기 관찰 포인트

- 고객이 고민하고 있을 때 적절한 질문으로 선택을 유도했는가?
- 각 대화 단계에서 자연스럽게 테스트 클로징을 시도했는가?
- 고객이 부담을 느끼지 않도록 신뢰를 형성하며 결정을 유도했는가?

리드하기 활용 예시

무선전화, 인터넷 통합 상품 상담 사례

"이제 연결을 편리하게 하는 일만 남았네요.(결정 과정 확인) 무선전화와 인터넷을 함께 이용하면 요금이 절약되고 관리도 훨씬 간편해져요.(선택 유도) 기존 번호를 유지하면서 통합하고 싶으신가요? 아니면 새로운 번호로 변경해서 최적의 요금제를 선택하시겠어요?(방식 결정하기)"

헬스장 멤버십 상담 사례

"이제 건강을 위한 첫걸음을 떼실 일만 남았네요!(결정 과정 확인) 지금 등록하시면 등록비 할인이 적용되고, 맞춤형 PT 세션까지 제공돼서 시작하기 훨씬 좋으실 거예요.(선택 유도) 1년 멤버십으로 하시겠어요? 아니면 6개월 먼저 시작해보시겠어요?(방식 결정하기)"

홈 보안 서비스 상담 사례

"이제 고객님의 안전을 지킬 방법만 결정하시면 되겠네요.(결정 과정 확인) 이 정도 보안 시스템이면 더 고민할 이유는 없어요. 언제 어디서든 내부를 확인하고 문제가 생기면 바로 조치할 수 있으니까요. 요즘은 집을 그냥 두는 게 더 위험하죠.(선택 유도) 고객님은 실시간 모니터링과 경비 출동 서비스 중에 어떤 기능이 더 중요하신가요?(방식 결정하기)"

고객 반응 테스트

직접 설득형 예문

① "고객님, 가격은 비용이 아니라 투자입니다. 투자 대비 수익률을 보시면 이해가 더 쉬우실 겁니다."
② "다른 제품과 비교해보셨다면 저희 제품의 품질과 내구성이 더 우수하다는 점을 느끼셨을 겁니다."
③ "가격은 중요하지만, 이 제품이 제공하는 가치는 단순한 비용 이상입니다."
④ "ROI 관점에서 보면 초기 비용은 빠르게 회수됩니다. 사례를 보여드릴까요?"
⑤ "고객님의 걱정을 이해합니다. 하지만 이 제품은 장기적인 비용 절감 효과가 큽니다."
⑥ "다른 고객들의 경험을 참고하시면 확신이 생기실 겁니다."
⑦ "가격 이상의 가치를 제공하는 부분에 초점을 맞춰보세요."
⑧ "초기 투자 비용은 크지만, 유지 관리 비용이 적어 총비용은 오히려 적게 듭니다."
⑨ "고객님의 사업 성장에 얼마나 도움이 될지 보여드리겠습니다."
⑩ "장기적으로 보면 이 제품이 얼마나 효율적인지 알 수 있습니다."

공감 탐색형 예문

1. "팀 분위기 개선이 쉽지 않다는 점, 공감합니다. 그중 어떤 점이 가장 고민되시나요?"
2. "팀의 사기 진작에 관심이 많으시군요. 현재 검토 중인 솔루션이 있으신가요?"
3. "그런 고민을 많이 들었습니다. 어떤 변화가 가장 필요한지 이야기해 주시겠어요?"
4. "저도 비슷한 상황을 경험했습니다. 구체적으로 어떤 점이 개선되면 좋을까요?"
5. "현재 팀 분위기가 어떤가요? 저희가 도울 수 있는 부분이 있을지 살펴보겠습니다."
6. "팀의 사기 저하가 업무 효율에 미치는 영향에 대해 저도 들어본 적이 있습니다. 어떠신가요?"
7. "팀 상황에 맞는 솔루션 제공이 중요합니다. 구체적인 니즈를 알려주시겠어요?"
8. "공감합니다. 팀 분위기 개선을 위해 현재는 어떤 조치를 하고 있으신가요?"
9. "팀의 현재 상황을 조금 더 자세히 들려주시면, 더 나은 제안을 해볼 수 있을 것 같습니다."
10. "팀 분위기를 개선하기 위해 어떤 고민을 하고 계신가요?"

창조형 예문

① "그래서 이 솔루션이 필요합니다. 지금 투자하는 30분이 앞으로의 시간을 절약해줄 것입니다."

② "바쁘신 상황이기 때문에 오히려 이 제품이 필요합니다. 업무 효율을 높여드리니까요."

③ "시간이 부족하신 만큼 이 제품이 얼마나 도움이 되는지 빠르게 보여드리겠습니다."

④ "그래서 저희 제품이 필요한 겁니다. 단 몇 분 투자로 큰 변화를 경험하실 수 있습니다."

⑤ "시간이 없으시면 더더욱 효율적인 솔루션이 필요하신 거죠."

⑥ "바쁜 일정 속에서도 이 제품이 시간을 절약하는 방법을 보여드리겠습니다."

⑦ "그래서 이 제품이 필요합니다. 기존의 업무 방식이 간소화됩니다."

⑧ "바쁘신 만큼 간단하게 시연해드릴 수 있습니다. 효율성을 직접 경험해보세요."

⑨ "시간이 부족한 상황이 이 제품의 필요성을 더 강조합니다."

⑩ "바쁜 일정을 고려하여 최소한의 시간 투자로 효과를 확인하실 수 있습니다."

흐름에 맞춰 순환한다: 순환하기

고객 심리는 매우 복잡하다. 고객의 의사결정은 단박에 이뤄지지 않는다. 고객은 비슷한 주제를 다양한 각도에서 여러 번 검토해 최종 결정을 내린다.

영업 대화는 직선이 아니라 곡선이고, 직진이 아니라 순환이다. 뱅글뱅글 도는 것 같지만 전진하는 나선형 계단을 닮았다. 거절은 진짜 거절이 아닐 수도 있고, 결정했지만 아직 끝난 게 아닐 수도 있다. 한 번에 선택하는 게 아니라 점진적으로 진전했다가 다시 물러나며 이어진다. 고객과의 대화 속에서 작은 전진과 후퇴를 반복하는 과정을 즐길 줄 알아야 한다.

> **리허설에서 구상할 것**
> ■ 고객이 즉각 반응을 보이지 않아도 조급해하지 않고 순환적으로 접근하기
> ■ 거절이나 망설임을 부정으로 받아들이지 않고 새로운 기회로 활용하기
> ■ 고객의 반응을 세심하게 읽으며 적절한 지점에서 다시 접근하는 전략 개발하기

고객의 결정 과정은 연애 초기에 서로 밀고 당기는 '밀당'과 유사하다. 처음부터 너무 적극적으로 다가가면 부담을 느낄 수 있다. 처음에는 가볍게 관심을 표현하고, 상대가 거리를 두면 한 걸음 물러나 긴장을 유지해야 한다.

한 번에 모든 정보를 전달하고 설득하려 하면 오히려 부담을 주는 꼴이 된다. 고객의 속도를 존중하며 생각할 시간을 주는 여유를 갖고 자연스럽게 다음 단계로 나아가는 전략을 구사해야 한다. 세일즈 리허설에서 나선형 사이클 대화의 감각을 터득하자.

순환하기의 3단계 구조

1단계. 점진적으로 고객 반응을 살피기

고객의 첫 반응을 면밀하게 관찰하고, 다음 반응을 예상하며 점진적으로 대화를 전개한다. 이때 고객의 언어적 표현뿐만 아니라 비언어적 신호까지 세밀히 관찰해야 한다. 같은 말이라도 상황과 맥락에 따라 전혀 다른 의미가 있을 수 있다. 예를 들어 고객이 "괜찮네요"라고 말했을 때, 정말 긍정적인 의미일 수도 있지만 망설이고 있거나 완전히 관심이 없을 수도 있다.

고객의 감정과 분위기를 읽어내는 감수성은 스크립트에 담아낼 수 없다. 리허설로 감각을 키워야 한다. 눈에 보이는 고객의 말에 속지 말고 말 이면의 마음을 살피는 연습을 하자.

2단계. 물러난 듯 고객을 안심시키고 새로운 각도로 접근하기

고객이 망설이거나 거절한다면 강하게 밀어붙일 게 아니라 잠시 후퇴해 고객의 부담을 가라앉혀야 한다. 이는 연애 초기에 상대를 너무 적극적으로 밀어붙이지 말아야 하는 것과 같다. 대화 속도를 고객의 리듬에 맞추고, 한 번 거리를 둔 뒤 몰랐던 매력을 보여주듯 접근해야 한다. 새로운 맥락이나 다른 방식으로 가치를 전달하면서 고객이 다시 생각할 여지를 주자.

3단계. 거절 의견을 존중하고 원점에서 다시 탐구하기

고객의 거절을 완전한 부정으로 받아들이기보다 새로운 기회로 활용해야 한다. 연애에서도 처음에는 부담스러워 거절했지만, 이후 다시 대화가 이어지면서 상대방이 나의 매력을 다르게 느끼는 순간이 오기도 한다. 고객의 거절 이유를 존중하면서도 시간이 지나 상황이 바뀌었을 때 다시 제안할 수 있도록 열린 대화를 유지해야 한다.

순환하기 관찰 포인트

- 고객의 말뿐만 아니라 비언어적 반응을 세심하게 살폈는가?
- 고객이 망설일 때 부담을 주지 않고 한 걸음 물러났는가?
- 거절을 존중하며 다시 접근할 수 있는 여지를 두었는가?
- 고객이 특정 상황에서 다시 관심을 가지도록 유도할 연결고리를 만들었는가?

순환하기 활용 예시

건강식품 정기구독 상담 사례

"요즘 건강에 신경 쓰는 분들이 많아졌죠.(고객 반응 살피기) 저도 영양제

보다 일상에서 식사 잘하는 게 중요하다고 생각했어요. 맞아요. 제철 음식만 잘 챙겨 먹어도 건강식품 따로 필요 없죠.(안심시키고 새로운 각도 접근) 식사는 주로 어떻게 하세요? 어떤 음식을 좋아하세요?(원점 탐구)"

B2B 소프트웨어 서비스 상담 사례

"지금 당장은 도입할 계획이 없으실 수도 있어요.(고객 반응 살피기) 그래도 많은 기업이 도입하고 있으니, 나중에 필요한 상황이 오면 다시 대화 나누면 좋겠습니다.(안심시키고 새로운 각도 접근) 저도 알아두면 좋을 것 같아 여쭙는데요, 요즘 회사에서는 어떤 것이 가장 이슈로 대두되고 있나요?(원점 탐구)"

헬스장 멤버십 상담 사례

"운동을 시작하려면 결심이 필요하죠?(고객 반응 살피기) 처음부터 부담을 가지실 필요는 없어요. 부담을 갖고 억지로 한다고 여기며 운동하면 오래 못 가요.(안심시키고 새로운 각도 접근) 운동을 해야겠다고 생각하신 이유는 뭔가요?(원점 탐구)"

플랜 A, B, C를 실험한다
: 실험하기

고객 상담은 한 가지 방법으로 되지 않는다. 사람은 그렇게 단순한 존재가 아니다. 다양한 대응을 자유자재로 구사할 수 있어야 한다. 고객의 거절은 한 번의 극복으로 끝나지 않는다. 하나의 거절이 해결되면 다른 핑계를 댄다. 지금 구매하지 않아도 되는 이유는 넘쳐나기 때문이다.

고객이 처음 던지는 거절은 빙산의 일각일 뿐이다. 하나의 걱정을 해결해주면 또 다른 걱정이 튀어나온다. 이 과정을 지루하게 느낄 수도 있지만 오히려 여기서 기회가 생긴다. 고객은 자신의 걱정을 하나하나 극복하는 과정에서 신뢰를 얻고, 이는 구매로 이어질 이유가 된다.

고객은 제품 자체뿐만 아니라 구매 과정에서 얻는 성취와 스릴을 즐긴다. 너무 쉽게 구매하면 허무하고, 너무 어렵게 결정하면 스트레스가 된다. 미묘한 균형을 맞추는 것이야말로 영업의 핵심이다.

세일즈 현장에서는 하나의 전략만 고수하는 것이 아니라 다양한 변수를 고려한 여러 개의 플랜이 필요하다. 그러자면 다양한 플랜을 미리 실험할 수 있는 리허설을 반드시 거쳐야 한다. 고객의 반응은 예상과 다를 수 있으므로 한 가지 설득 방식이 통하지 않으면 다른 접근법을 즉시 적용할 수 있어야 한다. 이를 위해 사전에 플랜 A, B, C를 마련하고, 리허설을 통해 어떤 방식이 효과적인지를 테스트하며 최적의 접근법을 찾아야 한다.

리허설에서 구상할 것
- 같은 목표를 달성하는 다양한 설득 방안을 개발하기
- 고객 반응에 따라 플랜을 유연하게 변경하기
- 효과적인 플랜을 선별해 다음 상담에 반영하는 피드백 과정 적용하기

예를 들어 가격을 깎아달라는 고객의 요청에 데이터 중심 접근플랜 A으로 비용 절감 효과를 설명해볼 수 있다. 그런데도 고객이 여전히 망설인다면 공감형 접근플랜 B으로 고객의 고민을 듣고 해결책을 함께 모색하는 방식을 시도할 수 있다. 그래도 반응이 미온적이라면 창의

적인 설득플랜 C으로 뜻밖의 혜택이나 특별한 가치를 제안하는 방법도 고려할 수 있다.

이 실험 과정에서 가장 중요한 것은 고객의 반응을 세심하게 관찰하고, 각 접근 방식의 효과를 평가하며 학습을 지속하는 것이다. 한 가지 논리만 고집하지 않고 고객의 반응에 따라 전략을 유연하게 조정하는 능력이 필요하다.

거절 극복도 마찬가지다. 처음에는 가격을 깎아달라고 하거나, 지금 당장은 결정을 내릴 수 없다고 말할 수도 있다. 한두 번 거절을 듣고 포기하는 영업 사원이 많지만, 다섯 번까지 포기하지 않고 접근하는 영업 사원은 80%의 확률로 계약을 성사한다는 통계가 있다. 세일즈 리허설을 통해 플랜 A, B, C를 반복하다 보면 고객별 접근법을 더 정교하게 다듬 수 있고, 설득의 성공 확률도 높아질 것이다.

실험하기의 3단계 구조

1단계. 핵심 목표 설정하기

상담으로 달성하고자 하는 핵심 목표를 분명히 한다. 고객이 원하는 가치를 정확히 이해하고, 최종적으로 원하는 행동구매, 가입, 상담 예약 등을 명확히 설정한다.

2단계. 플랜 A, B, C 개발 및 실험

플랜 A: 가장 일반적인 접근법논리적, 감성적, 경제적 등

플랜 B: 고객 반응이 부정적일 때 적용할 대체 전략

플랜 C: 고객의 예상치 못한 반응에 대비한 보완 전략

3단계. 결과 분석 및 최적화

상담 후 어떤 플랜이 효과적이었는지를 분석하고, 성공한 전략을 더욱 정교하게 다듬어 다음 상담에 적용한다.

실험하기 관찰 포인트

- 고객이 어떤 플랜에 가장 긍정적인 반응을 보였는가?
- 예상과 다른 반응이 나왔을 때 즉각 대안 적용이 가능했는가?
- 상담 후 개선할 점이 있는가?

실험하기 활용 예시

건강검진 상담 사례

목표: 정기 건강검진 패키지 신청 유도하기

플랜 A건강 예방 강조: "요즘 건강을 미리 관리하는 것이 점점 더 중요해지고 있어요. 정기적인 검진은 심각한 질병을 예방하는 데 큰 도움이 되죠. 이번 패키지는 기본 검진뿐만 아니라 추가 항목까지 포함되어 있어서 더 꼼꼼한 관리가 가능해요."

플랜 B비용 혜택 강조: "사실 건강검진도 비용이 부담될 수 있는데, 이 패키지는 20% 할인이 적용돼서 병원 개별 검진보다 훨씬 경제적이에요. 1회 검진 비용으로 2~3배의 검사를 받을 기회예요."

플랜 C사례 기반 설득: "저희 고객 중에 건강검진을 미루다가 뒤늦게 병을 발견해서 치료가 힘들었던 사례가 있어요. 조기에 관리하면 의료비 부담도 줄고 건강도 지킬 수 있죠."

학습지 구독 서비스 상담 사례

목표: 자녀의 학습지 서비스 신청 유도하기

플랜 A학습 습관 강조: "어릴 때부터 규칙적으로 학습하는 습관을 들이면 스스로 공부하는 힘이 길러져요. 이 학습지는 매주 적정량의 과제를 제공해 자연스럽게 공부 습관이 만들어지도록 돕죠."

플랜 B맞춤형 프로그램 강조: "모든 아이가 같은 속도로 배우지는 않잖아요. 저희 프로그램은 수준별로 조절할 수 있어서 아이가 부담 없이 즐겁게 배울 수 있어요."

플랜 C부모 피드백 활용: "이전 고객님 중 한 분도 비슷한 고민을 하셨는데, 학습지를 시작하고 아이가 스스로 공부하는 시간이 늘어났다고 하시더라고요. 아이가 흥미를 갖도록 하는 게 중요하죠."

사무실 방역 서비스 상담 사례

목표: 정기 방역 서비스 신청 유도하기

플랜 A위생 강조: "최근 위생 관리를 철저히 하는 기업들이 많아지고 있어요. 특히 사무실 내 공용 공간은 세균과 바이러스 전파 가능성이 높죠. 저희 서비스는 매달 정기적으로 방역을 진행해 안전한 근무 환경을 제공합니다."

플랜 B비용 대비 효과 강조: "개별적으로 소독제를 구비하고 관리하는 것보다 전문 방역 서비스를 이용하면 더 효율적이에요. 정기적으로 관리하면 오히려 비용이 절감되면서도 더 깨끗한 환경을 유지할 수 있죠."

플랜 C경쟁사 사례 활용: "비슷한 규모의 기업들도 정기 방역을 도입하면서 직원 만족도가 크게 올랐어요. 위생적인 환경에서 근무하면 업무 효율도 좋아진다는 피드백이 많습니다."

평정심을 갖는다: 중심 잡기

세일즈에서는 예기치 못한 상황이 자주 발생한다. 고객의 반응이 계획과 다를 수도 있고, 예상하지 못한 질문이나 거절을 받을 수도 있다. 이런 순간에도 흔들리지 않고 대화를 이어가려면 안정감과 평정심을 유지하는 능력, 즉 '중심 잡기'가 중요하다.

　고객과의 대화에서 중심을 잡지 못하면 영업 사원은 당황한 나머지 불필요한 농담으로 상황을 무마하려 하거나, 과도하게 방어적인 태도를 보이거나, 심지어 대화를 얼버무리며 급하게 결론을 내리는 실수를 저지를 수 있다. 이는 고객의 신뢰가 무너지거나 영업의 목표를 잃는 결과를 초래한다. 감정에 휘둘리지 않고 중심을 잡기 위해서는 진정성 있게 마음을 나누면서 유연하게 대화를 전개하는 능력을 키워야 한다.

리허설에서 구상할 것

- 고객이 예상과 다른 반응을 보여도 감정에 휘둘리지 않고 대화 유지하기
- 고객의 거절이나 우려를 긍정적으로 받아들이고 해결책을 제시하며 균형 유지하기
- 대화의 흐름이 바뀌어도 서두르거나 초조해하지 않고 차분하게 주제 조율하기

돌발 상황을 성장의 기회로 삼아보자. 계획대로만 흘러가는 환경에서는 진짜 실력이 나오지 않는다. 오히려 변수를 마주하고 순간의 판단력이 필요할 때, 사고의 유연성과 대처 능력이 향상된다.

뛰어난 세일즈 전문가들은 예측 불가능한 상황에서 단련된 대응력을 가지고 있다. 돌발 상황을 두려워할 게 아니라 그것을 하나의 도전 과제로 받아들이고 반복해서 부딪힐 때 진짜 실전 감각이 생겨난다. 닥치면서 배운다는 말이 괜히 나온 게 아니다. 돌발 상황은 예측하지 못한 순간 침착함을 유지하는 심리적 회복력Resilience뿐만 아니라 빠른 상황 판단과 창의적인 대응 전략을 개발하는 능력을 키워준다.

돌발 상황에서 흔히 저지르는 실수

과장된 반응
고객의 거절에 지나치게 놀라거나, 필요 이상의 감정 대응을 하는 경우가 많다. 이런 행동은 상대에게 불안감을 주고 신뢰를 떨어트린다.

억지로 긍정적인 척하기
불편한 상황에서도 "괜찮습니다!"라며 무리하게 긍정적인 태도를 유지하면 오히려 부자연스럽고 진정성이 부족해 보인다.

불편을 회피하는 태도
민감한 이슈를 직면하지 않고 대화를 얼버무리거나 빠르게 마무리하려는 경우가 있다.

급하게 결론 내리기
상황에 쫓겨 빠르게 해결책을 제시하려다 오히려 문제를 악화시키는 경우도 많다.

중심 잡기의 3단계 구조

고객과의 상담에서 가장 중요한 것은 흔들리지 않는 중심을 유지하면서도, 고객의 마음을 헤아리고 진심을 전하는 일이다. 논리를 앞세운 대화만으로는 신뢰를 얻기 어렵다. 특히 고객이 거절하거나 예상과 다른 반응을 보일 때는 영업 사원의 감정과 태도가 고객의 신뢰를 결정짓는 요인이 된다.

'중심 잡기'는 평정심을 유지하는 것을 넘어 고객의 말과 감정을 있는 그대로 받아들이고, 자기 생각을 솔직하게 표현하면서도 원하는 방향으로 대화를 이끄는 과정이다.

1단계. 고객의 반응을 차분히 받아들이기(안정된 시작)

고객이 예상과 다른 반응을 보이거나 거절 의사를 표현할 때 감정적으로 반응하지 않고 차분히 받아들이는 것이 중요하다.

- 고객의 의견을 존중하는 태도를 보여야 한다.
- '왜 거절하는 거지?'라고 방어적으로 생각하기보다, '이 고객은 어떤 걱정이 있는 걸까?'라고 궁금해하는 태도를 가져야 한다.
- 솔직한 감정을 드러내며 공감할 줄 알아야 한다.

이 단계에서는 '설득'이 아니라, 고객이 편안하게 자기 생각을 말할 수 있도록 여유를 주는 것이 핵심이다.

2단계. 고객의 우려를 긍정적인 메시지로 전환하기(균형 유지)
고객이 망설이거나 반대 의사를 보일 때, 이를 반박하거나 바로 해결책을 제시하기보다 고객의 감정에 공감하면서 긍정적인 방향으로 대화를 전환해야 한다.

- "그럴 수 있어요"라고 인정하는 태도를 먼저 보인다.
- 고객이 걱정하는 이유를 깊이 이해하고 감정을 헤아린다.
- 고객이 고민하는 지점이 오히려 기회가 되도록 프레임을 바꾼다.

이 단계에서는 이런 반응을 보이는 이유를 헤아리고, 고객이 이해할 수 있는 방향으로 대화를 유도하는 것이 중요하다.

3단계. 대화의 흐름을 조율하며 본론으로 연결하기(주제 조율)
대화가 예상과 다르게 흘러가더라도 서두르지 않고 고객이 관심을 가지는 부분을 활용해 다시 본론으로 연결한다.

- 고객이 가장 관심을 보이는 부분을 잡아 그 지점에서 출발한다.

- 어떤 선택을 하든 고객이 주도적으로 결정할 수 있도록 대화의 흐름을 조율한다.
- 조급히 결론짓기보다 고객이 스스로 필요성을 깨달을 수 있도록 도와준다.

이 단계에서는 고객이 '내가 이걸 선택해야 하는 이유'를 찾을 수 있도록 유도하는 것이 중요하다.

중심 잡기 활용 예시

가전 렌탈 상담 사례

"렌탈이 더 좋은 선택인데 왜 고민하시죠?"

✕ 고객을 이해하려는 태도가 부족함

"가전제품을 한 번에 구매하는 게 부담되실 수도 있고, 렌탈이 생소하게 느껴지실 수도 있어요. 저도 새로운 방식을 선택할 땐 고민이 많을 것 같아요."

○ 고객의 고민을 받아들이고 공감함

학원 원생 모집 상담 사례

"다른 학원도 많지만, 여기만의 차별점을 설명해드릴게요."

✘ 바로 차별점 설명에 들어감

"요즘 학원 선택이 정말 어려운 거, 저도 공감해요. 부모는 시간과 비용이 드는 만큼 신중해질 수밖에 없잖아요. 그래서 저희도 단순히 '우리 학원이 좋아요'라고 말씀드리는 게 아니라 학생 개개인의 학습 스타일에 맞춰 어떤 방식이 가장 적합할지를 먼저 고민해보려고 해요."

⭘ 고객의 고민을 인정하고 신뢰를 형성함

인테리어 상담 사례

"공사 기간과 비용을 고민하시는 것 같은데, 저희는 예산 내에서 최적의 플랜을 제안할 수 있습니다."

✘ 바로 해결책을 제시함

"맞아요. 인테리어를 시작할 때 비용이나 공사 기간에 대한 고민이 정말 크죠. 저도 집을 새로 꾸밀 때 이런 고민이 많았어요. 고객님이 원하는 스타일을 맞추면서도, 예산 내에서 어떤 선택이 가장 효율적인지 같이 고민해볼게요."

⭘ 본인의 경험을 녹여서 신뢰감을 높이고 고객의 상황을 고려한 해결책을 제안함

중심 잡기의 적절성 판단: 영업 사원이 스스로 점검할 질문

■ 고객이 거절 반응을 보일 때, 영업 사원은 감정에 휘둘리지 않고 대화를 유지했는가?

■ 고객이 우려를 표현했을 때, 이를 부정적으로 받아들이지 않고 긍정적인 방향으로 전환했는가?

■ 대화 흐름이 예상과 달라졌을 때, 서두르지 않고 차분히 상담을 이어갔는가?

중심을 잡고 신뢰 쌓기

고객이 예상과 다른 반응을 보이거나 어려운 질문을 던지는 상황에서 중심을 잡아야 할 때는 다음 네 가지를 기억한다.

- ☐ 가식적으로 괜찮은 척하지 않는다.
- ☐ 감정에 휘둘리지 않되 솔직한 반응을 보인다.
- ☐ 고객이 신뢰할 수 있도록 진심이 담긴 대화를 한다.
- ☐ 거절을 극복하기보다 고객이 결정을 내릴 수 있게 돕는다.

가격 인하나 억지 조건을 요구하며 밀어붙이는 고객

"더 깎아줄 수 있죠?"

"왜 이렇게 비싸요?"

"고객님께 가격이 가장 중요한 요소일 수 있다는 거, 충분히 이해해요. 저라도 같은 상황이면 당연히 그럴 것 같아요. 다만 무조건 예산을 낮출 게 아니라 고객님께 실질적으로 도움될 조건을 찾아보는 것이 중요하다고 생각해요. 더 만족스러운 선택을 함께 고민해보면 어떨까요?"

시간으로 압박감을 주는 고객

"10분밖에 없으니까 빨리 핵심만 말씀하세요."

"솔직히 10분 안에 고객님께 충분한 정보를 전달할 수 있을지 걱정되긴 하지만, 가장 필요한 부분만 빠르게 정리해드릴게요. 혹시 특히 궁금한 부분이 있다면 그것부터 먼저 말씀드릴까요?"

특정 조건에 집착하는 고객

"경쟁사 제품이랑 비교하면 뭐가 더 나은 거죠?"

"사실 저도 고객이라면 비교해보지 않고 바로 선택하기 어려울 것 같아요. 경쟁사 제품도 충분히 좋은 점이 있을 테니까요. 저희 제품이 고객님의 필요에 맞는지 함께 살펴보며 비교를 도와드릴게요."

묵묵부답, 반응이 없는 고객

(질문에도 반응이 미적지근하거나 침묵)

"제가 질문을 너무 많이 드렸나요? (웃으며) 어떤 점이 불편하신지, 어떤 정보를 원하시는지 말씀해주시면 불필요한 설명을 줄이고 더 정확히 알려드릴 수 있을 것 같아요."

마지막 순간에 이의를 제기하는 고객

"잠깐만요! 다시 생각해보니까 경쟁 브랜드에서도 유사한 제품이 있더라고요."

"고객님이 마지막까지 신중하게 고민하시는 모습, 좋은 결정으로 가는 과정이라고 생각해요. 제가 고객님이었어도 충분히 다시 생각해볼 것 같아요. 지금 고민하시는 부분을 하나씩 정리해보면, 어떤 선택이 더 맞을지 명확해지지 않을까요?"

거래 성사 직전에 돌발 변수를 던지는 고객

"방금 다른 브랜드에서 비슷한 상품을 더 할인된 가격에 판다고 들었어요. 왜 굳이 여기서 사야 하죠?"

"솔직히 저도 '아, 이 상황에서 뭐라고 말씀드려야 할까?' 고민이 되긴 하는데요. 고객님께 정말 중요한 게 가격인지, 아니면 제품의 장기적 가치인지를 함께 살펴보면 어떨까요?"

의사결정자가 갑자기 바뀌는 상황

"제가 결정하는 게 아니라 배우자와 상의해야 해요."

"그렇죠, 중요한 결정일수록 혼자 결정하기 어려우실 거예요. 저도 가족과 함께 의논해야 할 일은 쉽게 결정을 못 내릴 것 같아요. 배우자분께서 가장 궁금해하실 부분을 먼저 정리해드리면 도움이 되실까요?"

까칠하고 회의적인 콜드 고객

"정말 효과가 있는 건가요? 광고에서는 다 좋다고 하지만 현실은 다르잖아요."

"솔직히 요즘 광고가 너무 과장이 많다 보니 저라도 바로 믿기는 어려울 것 같아요. 고객님과 비슷한 고민을 하셨던 분들이 실제로 어떤 경험을 하셨는지 보여드려도 될까요?"

문화 장벽이 있는 고객

"우리 문화에서는 천연 성분과 윤리적인 생산 방식을 중요하게 생각합니다."

"그 부분이 고객님께 중요한 가치라는 게 느껴지네요. 저도 개인적으로 윤리적인 소비가 점점 더 중요해지고 있다고 생각해요. 저희 브랜드도 지속 가능성과 친환경 가치를 중요하게 생각하는데, 고객님이 보시는 기준에 맞을지 함께 이야기 나눠볼까요?"

우유부단한 고객

"더 생각해보고 나중에 다시 연락드릴게요."

"당연히 신중하게 고민하실 수 있는 부분이에요. 그런데 가끔은 고민이 길어질수록 결정이 어려워지기도 하더라고요. 지금 가장 고민되시는 게 어떤 부분인지 같이 정리해보는 건 어떠세요?"

PART 6

실제를 돌아보라

: 세일즈 리허설 성공 법칙 4

나아가기 위해서는 돌아보아야 한다

리허설이 끝나면 "나름 괜찮았던 것 같아", "좀 더 자연스럽게 말해야 했는데" 정도의 간단한 평가가 나오곤 한다. 하지만 그건 복기가 아니라 단상일 뿐이다. 진정한 복기는 자신이 방금 한 말과 표정, 태도뿐만 아니라 그 순간 자신에게 일어난 감정과 반응을 차근차근 되짚어보는 일이다.

현장에서 우리는 주로 고객의 말과 표정에 집중한다. 긴장한 채로 흐름에 쫓기다 보면 막상 나는 어떤 마음으로 말했는지, 어디에서 흔들렸는지, 설득하려는 욕심만 앞서지는 않았는지 돌아볼 틈이 없다.

하지만 리허설은 다르다. 이곳에는 고객이 아니라 '나의 습관과 무의식'을 상대한다. 리허설은 실전처럼 연기하면서도 실전보다 더 깊이 자신을 들여다볼 기회다. 흘려보내면 '연습'이지만 되짚어보면 '통찰'이 된다. 리허설 복기는 단순히 잘하고 못하고를 판단하는 것이 아니다. 어떤 순간에 자신의 말이 살아 있었는지, 확신 없이 던진 말은 없는지, 그 순간 올라온 감정은 무엇이었는지를 알아차리는 시간이다. 그리고 그 모든 흔적 위에 이 질문을 던져야 한다.

"내가 고객이었다면 지금의 나를 믿었을까?"

리허설을 효과적으로 복기하려면 다음 네 가지 요소를 돌아보는 게 좋다.

첫째, 대화의 흐름을 돌아본다. 리허설에서는 어떤 말을 했는지보다 그 말이 어떤 흐름 속에서 오갔는지를 되짚는 것이 핵심이다. 대화의 시작은 자연스러웠는지, 주제를 전환하는 타이밍은 적절했는지, 고객의 반응에 따라 유연하게 조율했는지를 구체적으로 떠올려야 한다. 흐름을 따라가며 멈춘 지점, 막힌 부분, 예상치 못한 전개 등을 복기하면 실전에서도 흔들리지 않는 진행력이 생긴다.

둘째, 서로의 관점을 나눈다. 리허설은 혼자 하는 연습이 아니다. 역할을 나누고 함께 참여하는 훈련에서는 상대방의 시선에서 본 자신의 말투, 태도, 흐름에 대한 피드백을 얻을 수 있다. 스스로 느낀 것과 타인의 감상이 어떻게 다른지를 비교하는 과정은 자신의 커뮤니케이션 스타일을 객관화하는 데 큰 도움이 된다.

셋째, 내면을 돌아본다. 리허설 중 겉으로 보이는 말과 행동뿐 아니라 그 말을 하던 순간 자신에게 어떤 감정이나 심리 반응이 일어났는지를 곱씹는 시간이 필요하다. 설득하려는 욕심이 앞섰는지, 혹은 긴장이나 불안이 흐름을 방해했는지 등을 돌아보는 과정은 기술을 넘어 세일즈 태도와 존재감을 다듬는 데 결정적인 역할을 한다.

넷째, 복기한 내용을 바탕으로 다시 리허설한다. 복기는 단순한 평가에서 끝나지 않는다. 리허설의 진정한 완성은 잘한 점과 개선할 지점을 정리해 곧장 다시 반영해보는 연습까지다. 같은 상황을 다른 방식으로 다시 시도하는 것은 실제 상황에서 선택지를 넓히는 데 중요한 양분이 된다.

이 네 가지 복기 요소는 각기 독립된 활동이 아니라 리허설을 완성하는 하나의 순환 구조로 이해하는 것이 바람직하다. 대화의 흐름을 점검하고 피드백을 주고받으며 자기 내면을 들여다보고 다시 시도하는 과정은 리허설의 가치를 실감케 한다.

대화의 흐름 돌아보기

영업을 잘하는 사람은 고객과의 상담이 끝난 후에도, 리허설이 끝난 후에도 반드시 되돌아본다. 단순히 성사 여부를 따지는 것이 아니라 자신의 행동과 고객의 반응을 객관적으로 분석해보는 것이다. 이를 통해 영업 사원은 무엇을 유지하고, 무엇을 바꾸어야 할지를 명확히 할 수 있다. 리허설을 되짚을 때는 "잘했다", "아쉬웠다" 같은 감상 평가가 아니라 구체적인 질문을 던지는 과정이 필요하다.

의도한 대로 되었는가?
리허설의 목표와 의도를 떠올리자. 이번 연습의 목적은 신뢰감 있는 첫 인사 연습이었는가, 브리지 대화의 자연스러운 전개였는가, 아니면 테스트 클로징 타이밍을 잡는 것이었는가? 그 목표가 실제 리허설 안에서 시도되었는가? 그리고 그것이 기대했던 반응을 이끌어냈는가?

고객 역할자에게 무엇이 효과적이었고, 무엇이 아쉬웠는가?

자신이 했던 말과 행동 중에서, 상대방의 표정이 반응한 시점은 언제였는가? 그 순간 말이 통했는가? 반대로 상대가 갑자기 조용해졌거나 눈을 피해 흐름이 끊긴 적은 없었는가? 그렇다면 그 원인은 무엇이었을까? 말의 논리 때문인지, 감정이 전달되지 않아서인지, 혹은 너무 자기중심으로 말한 것은 아닌지 추적하고 해석해보아야 한다.

대화 속에서 어떤 마음을 가지고 있었는가?

말보다 중요한 것은 그 말을 하던 자신의 마음 상태. 설득 의지가 강했는지, 고객의 말을 진심으로 경청했는지, 자신감이 감정을 이끌거나 불안한 마음에 조급하진 않았는지를 돌아봐야 한다. 말은 거짓일 수 있지만 마음은 흐름으로 드러난다. 자신이 그 순간 어떤 마음으로 거기 있었는지를 되짚는 것은 복기의 핵심이다.

리허설 복기에서 가장 먼저 할 일은 효과를 거둔 순간을 찾아내는 것이다. 고객이 긍정적인 반응을 보인 순간을 떠올려보고, 어떤 말과 접근법이 상대의 관심을 끌었는지 알아내야 한다. 논리적인 설명이 효과적이었는지, 아니면 감성적인 접근이 더 강력했는지를 분석해야 한다. 자신의 성장 포인트를 인정하는 것도 중요하다. 전보다 나아진 점을 자각하고 인정하는 것은 영업의 자신감을 키우는 방법이다.

다음으로는 고객이 자신의 말에 어떻게 반응했는지 돌이켜본다.

고객이 어떤 부분에서 흥미를 보였고, 언제 지루해하거나 방어적인 태도를 보였는지를 기억해내야 한다. 공감이 형성된 부분과 거부감이 형성된 부분을 살펴보면 대화를 풀어나가는 방법에 관한 힌트를 얻을 수 있다.

복기 과정에서는 '같은 상황이 반복된다면 무엇을 개선할 것인가'에 대한 고민이 필요하다. 같은 실수를 반복하지 않으려면 다음번에는 어떻게 접근할 것인지 구체적으로 계획해야 한다. 어떤 질문을 던질지, 어떤 사례를 더 준비할지, 고객의 반응에 따라 어떻게 조율할지 등을 정리한다.

이 과정을 반복하면 리허설은 단순한 연습이 아니라 '실전에서 성공하기 위한 학습 과정'이 된다. 영업은 한 번의 완벽한 상담으로 성사하는 게 아니라, 끊임없는 복기와 개선으로 쌓아가는 과정이다. 바둑 기사가 매번 수를 복기하며 실력을 키우듯, 영업 사원은 리허설을 돌아보고 배운 것을 다음 단계로 연결하며 실력을 키운다.

chapter 03
피드백 주고받기

세일즈 리허설에서 스스로 성찰하는 과정만큼이나 중요한 게 타인과 피드백을 주고받는 일이다. 혼자 판단하면 놓치는 부분이 생기기도 하고, 미흡한 부분을 강점으로 착각할 수도 있다. 다른 사람의 시선으로 평가받고, 예상치 못한 인사이트를 얻는 과정은 영업 사원의 성장을 촉진한다. 새로운 접근법을 배우고, 자신의 표현 방식이나 설득 전략을 더 효과적으로 다듬을 수도 있다.

피드백을 주고받을 때 생각해볼 질문
- 나는 어떠했나?
- 고객은 어떠했나?
- 효과를 본 일은 무엇인가?

- 효과적이지 않았던 일은 무엇인가?
- 예전보다 나아진 점은 무엇인가?
- 앞으로 개발할 점은 무엇인가?

피드백 분위기 조성 예시

* "실수는 성장의 증거다!"
  선배나 리허설 코치가 자신의 실패 경험을 솔직하게 공유하여 분위기를 완화하고 실수의 가치를 명확히 전달
* "이 부분은 잘했어요. 그리고 이 부분은 이렇게 하면 더 좋아질 거예요."
  긍정적인 피드백으로 시작한 후 개선점 제시(샌드위치 피드백 기법)

* 내가 이 피드백을 받는다면 어떤 기분일지 생각하며 말하기
* 개선점을 지적한 뒤에는 항상 격려와 응원의 말을 덧붙이기
* 상황이 끝나면 "이 피드백이 도움이 되었나요?"라고 물어 피드백의 질을 개선
* 피드백을 주고받은 후 각자 느낀 점을 나누기

피드백을 받는 사람의 자세

사람은 나이가 들수록 점점 더 강렬한 형태의 자신이 되어간다. 신중한 사람은 결정을 내리는 데 지나치게 조심스러워질 수 있고, 자유롭고 즉흥적인 사람은 계획 없이 감정에 따라 행동하는 경향이 더 강해질 수 있다. 원칙을 중요하게 여기는 사람은 점점 융통성이 부족해질 수도 있으며, 신념이 확고한 사람은 새로운 관점을 수용하는 게 어려워지기도 한다. 나이가 들면서 성격의 긍정적인 측면이 깊어질 수도 있지만, 반대로 강하게 왜곡되거나 주변과의 갈등을 초래할 수도 있다. 부정적인 방향으로 강화하지 않으려면 타인의 시선이 필요하다. 열린 자세로 타인의 피드백을 수렴하면 나쁜 습관 대신 기량이 생겨난다.

'난 원래 그래!'라는 굴레 탈출

피드백할 때 흔히 듣는 말이 있다. "제가 원래 그런 스타일이에요"라든가 "성격이라 어쩔 수 없어요"와 같은 말이다. 이런 태도는 자기 자신을 보호하려는 본능에서 나온다. "나는 변할 수 없다"라는 선언은 곧 자신의 한계를 고정하는 굴레가 된다.

"난 안 돼"라는 말을 반복할수록 그 작은 상자 안에 갇혀버린다. 자신을 보호하려는 방패는 어느새 성장의 걸림돌이 되고 만다.

수정할 수 있는 용기, 스스로를 확장하는 힘

"말을 잘 못해요"라는 태도로 대화 연습을 피하면 시간이 지나면서 더 소극적이고 자신감 없는 사람이 된다. 반면 "어떻게 하면 대화를 잘할 수 있을까?"라는 마음으로 연습하는 사람은 시간이 지나면서 어느새 자신감과 대화 기술을 갖게 된다. 변화의 가능성을 열기 위해 필요한 것은 '기꺼이 수정하려는 마음' 뿐이다. 피드백은 누군가를 비난하려 하는 말이 아니다. 피드백은 우리의 시야가 닿지 않는 곳을 비춰주는 거울이다. 거울에 비친 모습이 불편할 수 있다. 자신의 고집, 부족함, 맹점을 마주하는 일은 절대 쉽지 않다. 하지만 거울 속 모습을 고칠 수 있다고 믿으면 더 나은 방향으로 움직일 기회를 얻을 수 있다.

피드백을 하는 사람의 자세

흔히 피드백은 받는 사람이 배우고 개선하는 과정이라고 생각하기 쉽다. 하지만 피드백은 하는 사람에게도 크나큰 가치가 있다. 효과적인 피드백을 제공하려면 상대의 강점과 개선점을 분석하고, 논리 있게 설명할 줄 알아야 한다. 이는 곧 관찰력과 커뮤니케이션 스킬, 문제 해결 역량을 동시에 발전시키는 과정이다. 또한 상대가 피드백을 어떻게 받아들이는지 직접 경험하면서, '말하는 방식'이 얼마나 중요한지 몸소 깨닫게 된다.

피드백은 성장의 동력이 될 수도, 부담과 위축의 원인이 될 수도 있다. 따라서 피드백을 주는 과정 자체가 또 다른 학습이며, 이를 반복할수록 리더십과 코칭 능력이 함께 성장한다.

상대를 돕고자 하는 진심이 먼저다

지적하려고 말하는 것인지, 아니면 성장과 개선을 돕고자 진심으로 하는 말인지는 어조와 비언어적 표현에서 금방 드러난다. 피드백은 상대방이 열린 자세로 받아들일 때 해야 한다. 이를 위해서는 비판보다 개선의 기회를 제공하는 방식으로 접근하는 것이 좋다. 부족한 점을 나열하는 것이 아니라, "이 부분을 이렇게 바꿔보면 더 좋지 않을까요?"와 같은 제안형 접근이 필요하다. 피드백은 상대가 수용할 수 있을 때만 효과가 있다. 상대방이 방어적으로 변하면 피드백의 의미는 허공으로 사라진다.

긍정적인 피드백부터 한다

부정적인 메시지부터 들으면 방어적인 태도부터 나오게 마련이다. 그렇다고 칭찬만 한다면 성장은 없다. 피드백은 솔직하면서도 수용할 수 있는 수준이어야 한다. 효과적인 방식 중 하나는 먼저 강점을 강조한 뒤에 건설적인 비판을 제시하는 것이다.

예를 들어 "대화 흐름은 자연스러웠습니다. 다만 고객의 질문에 대한 답변이 다소 모호하게 느껴졌습니다"라고 하면 상대는 긍정적인 태도를 유지하면서도 개선점을 인지할 수 있다. 피드백은 상대를 무너뜨리기 위한 것이 아니라 더 나은 방향을 찾도록 돕는 것이다.

성장 마인드셋으로 제안한다

"고객에게 그렇게 반응하는 것은 이상했어요"라는 말을 들었을 때 사람들은 어떻게 반응할까? 아마 대부분 변명하거나 낙담하거나 자신감을 잃고 말 것이다. 그러나 성공한 사람들은 실패를 다르게 바라본다. 성장 마인드셋Growth Mindset이란 결과만이 아니라 과정에서 배우는 태도를 말한다.

피드백을 줄 때도 마찬가지다. "이 부분이 잘못되었습니다"라고 단언하는 것이 아니라, "이 상황에서 이런 접근을 시도하면 더 효과적일 수 있어요"라는 안내가 성장적 관점을 견지하는 피드백이다. 피드백을 받는 사람이 자신을 패배자로 느끼는 순간 피드백의 의미는 사라진다.

객관적으로 말한다

"클로징이 약했어요. 더 강하게 구매 요청을 해야 했습니다"라는 피드백을 받으면 상대는 어떻게 생각할까? '그럼 도대체 어떻게 해야 한다는 거지?'라고 반문하지 않을까? 이처럼 피드백은 판단이 아니라 설명이어야 한다.

예를 들어 "고객이 생각해본다고 했을 때, 바로 그렇게 하시라고 답하셨죠? 이 상황에서 '혹시 어떤 점을 더 고민해보고 싶으신가요?'라고 다시 질문했다면, 고객의 숨은 반응을 더 끌어낼 수 있었을 거예요"라고 말하면 상대는 개선 방향을 더 구체적으로 이해할 수 있다.

사람을 비판하는 대신 행동을 지적한다

세일즈 리허설 후 피드백을 줄 때는 '사람'이 아니라 '행동'에 초점을 맞춰야 한다. 예를 들어 "당신은 고객 대응이 미숙해요"라고 말하는 것과, "고객이 가격을 고민할 때 바로 반박하기보다는 공감하는 표현을 먼저 쓰면 대화가 부드럽게 이어질 거예요"라고 말하는 것은 차이가 크다. 어떤 부분이 부족했다고 지적하는 대신, 어떻게 하면 더 효과적일지를 말해주는 것이 중요하다.

같은 내용을 전달하더라도 태도나 성향이 아니라 구체적인 행동을 피드백하면 상대가 방어적으로 반응할 가능성이 줄어든다. 피드백의 목적은 사람 자체를 바꾸는 것이 아니라, 특정 행동을 개선하는 것이기 때문이다.

개선점을 너무 많이 제시하지 않는다

"이 부분도 고치고 저 부분도 바꿔야 하고… 아, 그리고 또!" 하는 식으로 피드백을 주면 상대방은 어디서부터 고쳐야 할지 몰라 압박을 느낄 수밖에 없다. 피드백은 한 번에 1~3개 정도의 주요 개선점만 전달하는 것이 효과적이다.

핵심을 짚어주고, 소화할 시간을 충분히 준 뒤 추가적인 피드백을 제공하는 것이 바람직하다. 한꺼번에 다 바꿀 것이 아니라, 지속 성장할 수 있도록 돕는 것이 중요하다.

단언하지 말고 관점을 나눈다

피드백은 '지적'이 아니라 '제안'이다. 아무리 좋은 피드백이라도 상대가 듣고 싶지 않으면 아무 소용이 없다. 피드백에는 늘 존중과 공감이 함께 있어야 한다. "나는 너를 평가하는 사람이 아니라, 너의 성장을 돕는 동료"라는 메시지가 전달되어야 한다. 더불어 이게 정답은 아닐 수 있지만, 이런 관점도 있음을 제안한다는 자세가 필요하다.

자신의 렌즈를 닦는다

사실 우리가 혼란스러운 이유는 의견이 부족해서가 아니라 의견이 넘쳐나서 그렇다. 모든 이가 자기 의견을 내세우고, 친구, 전문가, 알고리즘까지 끊임없이 조언을 쏟아낸다. 정보의 과잉 속에서 신념은 종이처럼 얇아지고, 진짜 내 생각이 무엇인지 헷갈리기 쉽다. 진정한 피드백은 얇아진 신념을 넘어서는 데서 시작한다. 렌즈를 닦듯 자신의 관찰이 타인의 의견이나 피상적인 판단에 영향을 받은 것은 아닌지 돌아봐야 한다.

보이지 않는 것까지 관찰한다

뛰어난 영업 사원은 말하는 순간의 속도, 간격, 억양, 표정까지 미세하게 조율한다. 마치 작곡가가 음의 미묘한 차이를 감지하거나, 요리사가 재료의 익힘 정도를 판단하는 것과 같다. 고객의 표정을 읽으며 다음 멘트를 고르고, 전달 방식을 조절하는 것은 하나의 예술처럼 느껴진다. 이런 미묘한 차이를 읽어내는 능력이 진정한 '상담 마스터'를 만든다. 세일즈 리허설 관찰이란 바로 이 숨겨진 리듬과 뉘앙스를 감지하는 과정이다.

마음까지 읽는다

피드백은 겉으로 드러난 행동만을 지적할 게 아니라, 그 행동의 이유와 맥락을 같이 살피는 것이 중요하다. 행동 뒤에는 종종 보이지 않는 감정, 동기, 태도가 숨겨져 있다. 행동의 배경을 이해하려는 태도는 상대에게 진정성을 전달한다.

- **표면적인 지적**: "가격 협상에서 너무 물러섰어요."
- **심층적인 피드백**: "가격 협상 시 고객이 강하게 나오자 바로 할인 조건을 제시했어요. 아마 고객의 반응에 당황했던 것 같은데, 침착하게 제품의 가치를 강조한 뒤 협상 전략을 이어갔다면 더 효과적이었을 것 같아요."

정교하게 스위트 스팟을 찾는다

피드백의 강도와 내용 사이의 균형도 필요하다. 너무 강한 피드백은 상대방을 위축시킬 수 있고, 너무 약한 피드백은 개선의 필요성을 느끼지 못하게 한다. 두 반응 사이의 균형점이 바로 '스위트 스팟sweet spot'이다.

- **과도한 비판**: "이번 상담은 전반적으로 실패였어요."
- **지나친 긍정**: "완벽했어요, 이보다 더 좋을 수 없어요."
- **균형 잡힌 피드백**: "상담 흐름이 자연스러웠고, 고객의 관심사를 잘 파악했어요. 다만 제품 설명 부분에서 너무 많은 정보를 한 번에 제공한 점은 아쉬웠습니다. 핵심을 간결하게 전달하면 더 설득력 있을 것 같아요."

스위트 스팟 피드백은 상대의 도전과 성장의 욕구를 불러일으키면서도, 자신감을 유지할 수 있게 도와준다. 이때 피드백의 강도는 상황과 관계에 따라 조절할 수 있다. 친밀한 동료와의 피드백은 좀 더 직설적이어도 되지만, 처음 피드백하는 상대에게는 부드럽게 접근하는 것이 좋다.

피드백의 주체성을 존중한다

피드백은 강요가 아니다. 상대방이 피드백을 어떻게 받아들이고 적용할지는 본인의 선택이다. 피드백을 주는 사람의 역할은 상대가 스스로 생각하고 성장할 수 있는 환경과 기회를 제공하는 것이다.

- **강요형 피드백**: "이렇게 하지 않으면 절대 성공할 수 없어요."
- **자율 존중 피드백**: "고객의 반응을 끌어내기 위해 질문 방식을 조금 바꿔보면 어떨까요? 물론 상황에 따라 본인의 스타일로 조절해보는 것도 좋을 것 같습니다."

상대방이 피드백을 자율적으로 해석하고 적용하도록 하면, 내면의 동기가 활성화되고 더 효과적으로 변화를 끌어낼 수 있다. "이 피드백이 도움이 되었나요?", "당신은 어떻게 생각하나요?" 같은 질문을 덧붙이면, 상대의 자율성과 사고 과정을 존중할 수 있다.

사례로 보는 피드백 요령

관찰은 봤다고 끝나는 것이 아니다. 제대로 기록하고 분석하지 않으면 그저 스쳐가는 감상에 불과하다. 세일즈 리허설 관찰이 진짜 도움이 되려면, 평가가 아니라 '팩트'를 남겨야 한다. "괜찮았어"라는 말은 쓸모없는 감상일 뿐이다. "첫 10초 동안 고객의 시선을 피했다"와 같은 구체적인 기록이 있어야 실질적인 개선이 가능하다. 좋은 반조는 구체적인 행동과 대화를 근거로 한다. 무엇이 문제였고, 왜 그게 문제라고 판단하며, 어떻게 하면 나아질지를 'What-Why-How' 3단계로 메모해야 한다. 다음은 잘못된 복기의 사례를 'WWH'에 맞춰 수정한 것이다.

목소리가 너무 작아서 설득력이 없었어요

What문제 대화할 때 목소리가 작아서 고객이 몇 번이나 되물어야 했다.

Why이유 고객이 내용을 명확히 이해하지 못하면 신뢰도가 낮아지고 피로도가 높아진다.

How해결책
상대방이 잘 들을 수 있도록 평소보다 10~20% 더 크게 말하고, 고객의 반응을 보며 음량을 조절하자.

자연스럽지 않고 대본 읽는 것 같았어요

What문제 대화 중간에 시선을 자주 아래로 내리고, 고객 반응보다 대본에 집중했다.

Why이유 고객과의 상호작용이 부족하면 신뢰가 떨어지고, 기계적인 응대로 느껴질 수 있다.

How해결책
주요 문장을 키워드로 정리하고 눈을 맞추며 말하는 연습을 해보자.

처음부터 제품 설명만 해서 지루했어요

What문제 고객의 니즈를 묻기 전에 제품 설명을 2분 이상 일방적으로 진행했다.

Why이유 고객이 관심 있는 부분이 무엇인지 확인하지 않으면, 설명이 지루하게 느껴지고 집중도가 떨어진다.

How해결책
고객의 관심사나 문제점을 먼저 탐색하고, 거기에 제품의 강점을 연결해 설명하는 방식으로 접근하자.

반응이 너무 느려서 어색했어요

What문제 고객의 질문에 답변하기까지 평균 5초 이상 걸렸다.

Why이유 대화의 템포가 느려지면 고객이 불편을 느끼고, 준비가 안

된 듯한 인상을 줄 수 있다.

How해결책

예상 질문을 미리 정리하고 간결한 답변을 연습해 반응 속도를 높여 보자.

마무리가 별로였어요

What문제 고객이 구매 의사를 보였지만 명확한 마무리 멘트 없이 대화를 끝냈다.

Why이유 구매를 고민하는 고객에게 다음 단계를 안내하지 않으면 망설이다가 이탈할 가능성이 높다.

How해결책

"지금 주문하시면 추가 혜택이 적용됩니다. 바로 진행해드릴까요?"와 같은 마무리 멘트를 연습하자.

chapter 04

내면 돌아보기

내면을 돌아봐야 비로소 행동이 바뀐다. 세일즈 리허설은 행동뿐만 아니라 마음을 성찰하는 시간이다. 세일즈 리허설을 시작하면 대부분 행동부터 바꿔야 한다고 생각한다. '눈을 마주쳐야지', '고객 말을 끊지 말아야지', '말을 더 천천히 해야겠다'처럼 기술적 조정에 집중한다.

그러나 실제 행동의 변화는 그 행동을 만든 감정과 심리를 먼저 들여다보는 데서 시작된다. 예를 들어 고객과 눈을 잘 마주치지 못하는 사람에게 단순히 "눈을 보세요"라고 말해도 이면에 자리한 '거절에 대한 두려움'이나 '상대의 평가를 의식하는 불안'이 해소되지 않는다면 행동은 쉽게 무너진다. 조급하게 말을 자르는 습관 뒤에는 고객 반응을 미리 예단하려는 조바심이나 대화를 빨리 끝내려는 압박감이 숨어 있을 수 있다. 반복되는 행동 뒤에 자리 잡은 감정과 신념이 바뀌지 않으면 어떤 노력도 오래가지 못한다.

고객을 대할 때 우리는 본능적으로 자신을 방어하는 방식을 택한다. 직접 묻는 대신 돌려 말하고, 불편한 이야기를 피하고, 괜한 설명을 덧붙인다. 이런 방어는 대화의 진전을 막고 거리감을 형성한다. 결국 영업은 진심을 주고받지 못한 채 점점 '에너지를 소모하는 일'이 된다. 반면 자신을 이해하면 고객과 연결된다. 영업은 사람을 이해하는 일이지만 고객을 이해하기 전에 먼저 자신을 이해할 수 있어야 한다.

- 고객을 만났을 때, 내 안에서 어떤 감정이 올라왔는가?
- 나는 어떤 반응에 민감하게 흔들리는가?
- 고객의 어떤 말에 짜증, 실망, 조급함 같은 감정이 올라왔는가?
- 그 감정은 어디에서 비롯된 것일까?

이 질문들을 통해 우리는 자신도 몰랐던 기준과 기대, 무의식적인 반응 패턴을 발견하게 된다. "고객은 이렇게 반응해야 한다"라는 강박과 "이 말은 먹혀야 한다"라는 조급함이 깨질 때 대화가 자연스럽고 유연하게 흘러간다.

세일즈 리허설은 바로 이런 내면의 신호를 자각하고 조율하는 훈련의 장이다. 감정은 억누를 게 아니라 이해하고 정화하는 것이다. 세일즈 리허설에서 중요한 것은 감정을 없애는 것이 아니라 감정을 인식하고 대화의 흐름을 방해하지 않도록 다루는 능력을 기르는 일이다. 고객의 망설임 앞에서 실망감이 올라왔다면 그 감정은 자연스럽게 받아들여야 할 정보다. 그 순간을 돌아보며 '왜 그 말에 이렇게 흔들렸을까'를 스스로 물어야 한다. 그렇게 함으로써 우리는 감정에 휘둘리지 않고 중심을 유지할 힘을 갖게 된다.

판매 리허설은 일종의 정서적 면역성을 키우는 시간이다. 실패의 가능성, 거절의 순간, 어색함과 무반응까지 미리 겪어보며 마음이 어떻게 반응하는지를 관찰하는 경험은 실전에서 복원력을 높인다. '기술이 뛰어난 사람'보다 '마음이 준비된 사람'이 되어야 한다.

자기 성찰 질문지

리허설이 끝난 후, 겉으로 드러난 말과 행동만 돌아보는 것으로는 충분하지 않다. 진짜 중요한 건 그 상황에서 어떤 감정이 올라왔고, 어떤 태도가 자신을 움직였는지 살피는 것이다. 아래의 질문들을 통해 당신의 리허설을 깊이 있게 복기하자.

- ☐ 리허설에서 가장 기억에 남는 순간은 언제였고, 그 이유는 무엇인가?
- ☐ 어떤 대화가 스스로 만족스러웠는가?
- ☐ 가장 불편했거나 막히는 느낌이 들었던 순간은? 그 이유는 무엇이었는가?
- ☐ 고객의 말을 듣고 '반응'하기보다 '반사적으로 대응'한 적은 없었는가?
- ☐ 설득에 집중한 순간과 공감에 집중한 순간의 차이를 느낄 수 있었는가?
- ☐ 대화 내내 '내가 옳다'는 생각이 강하게 작동했던 부분은 없었는가?
- ☐ 이번 리허설에서 발견한 자신의 대화 습관은 무엇인가?
- ☐ 자신이 고객이라면 지금의 자신에게 어떤 느낌을 받았을까?
- ☐ 다음번 리허설에서 달라지고 싶은 점이 있다면 무엇인가?
- ☐ 이 리허설을 통해 얻은 가장 큰 통찰은 무엇인가?

내면 관찰 체크 리스트

자기 성찰이 어렵게 느껴진다면 작은 질문부터 시작해도 좋다. 다음 항목에 체크하며 자신의 말과 마음, 대화의 흐름을 객관적으로 돌아보는 연습을 해보자.

- ☐ 고객 역할 상대가 말할 때 긴장하고 위축되는 순간이 있었는가?
- ☐ 설명 중 자신감이 없거나 흔들리는 느낌이 있었는가?
- ☐ 고객을 설득하려 애쓰는 느낌이 들었는가?
- ☐ 고객의 반응에 과하게 민감해진 순간이 있었는가? (표정, 침묵, 반문 등)
- ☐ 말하면서 '스스로를 설득하고 있는' 느낌이 있었는가?
- ☐ 자신의 말속에 '진심'보다 '정답'이 우선되었다고 느낀 순간은?
- ☐ 상대방의 눈을 바라보는 것이 불편하게 느껴진 순간은?
- ☐ 준비한 멘트에 집중하느라 흐름을 놓친 부분은 없었는가?
- ☐ 대화를 주도하려는 욕심이 있었는가, 아니면 지나치게 양보하고 있었는가?
- ☐ 대화 속에서 가장 편안함을 느낀 순간은 언제였는가?

chapter
05

다시 하기

세일즈 리허설의 완성은 '재연습'에 있다. 세일즈 리허설은 한 번 연습하고 피드백을 받는 것으로 끝나서는 안 된다. 실제 실력을 키우려면 피드백을 받은 후 바로 보완하여 다시 연습하는 과정이 꼭 필요하다.

마지막에 한 일이 뇌리에 가장 강하게 남는다. 만약 실수를 수정해 보지 않고 리허설을 끝내면, 머릿속에는 여전히 실수한 방식이 남아 있을 가능성이 높다. 그저 피드백을 받고 '아, 이렇게 하면 안 되는구나' 라고 깨닫는 것만으로는 부족하다. 중요한 것은 '그렇다면 어떻게 해야 하는가?'를 즉시 연습하고, 감각을 몸에 익히는 것이다. 그래야 그 경험이 몸에 새겨지고, 실전에서 자연스럽게 튀어나온다.

예를 들어 고객이 가격을 깎아달라고 했을 때 당황해서 바로 대답을 못 했다면, 피드백을 받고 새로운 방식으로 접근하며 '이렇게 하면 더 자연스럽게 대응할 수 있겠구나' 하는 감각을 터득해야 한다. 수정한 방식을 몇 번이고 반복하며 몸에 익혀 실제 고객에게 적용할 수 있어야 한다.

반복은 뇌의 신경 회로를 강화한다. 신경 절연 물질인 '미엘린Myelin'이 두터워지면서 반복한 행동이 더 빠르고 정확하게 실행된다. 자전거를 처음 배울 때 넘어지고 다시 일어나는 과정을 반복하면서 결국 자연스럽게 타게 되는 것과 같은 이치다.

리허설의 목적은 단순히 문제를 인식하는 것이 아니라, 실수를 보완하고 새로운 방식을 터득하여 '내 것'으로 만드는 것이다. 세일즈 리허설이 마무리될 때는 '마지막으로 연습한 것이 가장 개선된 방식이었다'라는 확신이 있어야 한다. 그래야 실제 상황에서도 리허설의 효과가 극대화된다. 결국 세일즈 리허설의 완성은 재연습을 통해 더 나은 방식으로 마무리하는 것이다.

다시 하기 액션 아이템

고객과 상호작용이 부족한 경우

① **미소 연습하기**: 거울 앞에서 미소 짓는 연습을 통해 더 친근한 인상을 준다.

② **상대방 이름 자주 부르기**: 대화 중 고객의 이름을 여러 번 사용해 친밀감을 형성한다.

③ **적극적인 리액션 사용**: 고개 끄덕이기, "맞습니다", "정말요?" 같은 반응을 표현한다.

④ **공감 표현하기**: "그럴 수 있겠네요", "이해합니다" 등 공감하는 표현을 자주 사용한다.

⑤ **개인적인 질문 추가하기**: "어떻게 오셨나요?" 같은 가벼운 질문으로 분위기를 부드럽게 만든다.

⑥ **목소리 톤 조절**: 활기찬 톤으로 에너지와 관심을 표현한다.

⑦ **대화 속도 맞추기**: 고객이 말하는 속도와 톤에 맞춰 대화를 진행한다.

⑧ **아이컨택 유지하기**: 자신감 있게 눈을 마주치며 대화한다.

⑨ **유머 활용**: 상황에 맞는 가벼운 유머로 대화의 긴장을 푼다.

⑩ **대화 내용 요약하기**: 고객의 말을 간단히 정리하며 관심을 보여준다.

고객의 니즈를 잘 찾지 못하는 경우

① **오픈 질문 사용**: "무엇이 가장 중요하신가요?"와 같은 질문으로 대화를 유도한다.

② **5W1H 기법 활용**: 누가Who, 무엇을What, 언제When, 어디서Where, 왜Why, 어떻게How 항목으로 정보를 탐색한다.

③ **침묵의 힘 활용**: 질문한 뒤에 충분히 기다려 고객의 답변을 끌어낸다.

④ **추가 질문하기**: "그 부분을 좀 더 설명해주실 수 있나요?"라는 질문으로 고객의 니즈에 깊이 파고든다.

⑤ **고객의 말 반복하기**: "말씀하신 대로 A가 중요하신 거군요?"와 같은 질문으로 정확성을 높인다.

⑥ **상황 질문 추가**: "현재 어떤 상황에서 어려움을 느끼시나요?"와 같은 질문으로 문제 인식을 확장한다.

⑦ **비교 질문하기**: "이전에는 어떤 제품을 사용하셨나요?"와 같은 질문으로 과거 경험을 파악한다.

⑧ **가정법 질문 사용**: "만약 A가 해결되면 어떨까요?"와 같은 질문으로 고객의 욕구를 끌어낸다.

⑨ **문제 재정의하기**: 고객이 놓친 니즈를 다시 정리한다.

⑩ **스토리텔링 질문**: "이런 상황에서 고객님은 어떻게 하셨나요?"와 같은 질문으로 고객의 경험을 자극한다.

설명 능력이 부족한 경우

① **쉬운 표현 사용**: 전문 용어를 피하고 쉬운 표현으로 설명한다.

② **3단 구조 활용**: "문제→해결책→기대효과"의 흐름으로 설명한다.

③ **핵심 메시지 반복**: 중요한 내용은 두 번 이상 강조한다.

④ **예시 활용**: 실제 사례나 비유로 개념을 설명한다.

⑤ **비주얼 자료 사용**: 간단한 그림이나 도표를 활용한다.

⑥ **FAB 기법 사용**: 기능Feature, 장점Advantage, 이점Benefit 순서로 설명한다.

⑦ **말의 속도 조절**: 중요한 부분에서는 속도를 늦춰 강조한다.

⑧ **상대방의 피드백 요청**: "이해가 되셨나요?"와 같은 질문으로 반응을 확인한다.

⑨ **간결한 문장 사용**: 짧고 명확한 문장으로 핵심을 전달한다.

⑩ **핵심 키워드 강조**: 중요한 단어에 억양을 주어 강조한다.

클로징의 힘이 부족한 경우

① **명확한 제안**: "지금 계약하시면 추가 혜택을 드릴 수 있습니다"와 같이 구체적으로 제안한다.

② **선택지 제공**: "A와 B 중 어느 것이 더 좋으세요?"와 같은 질문으로 결정을 유도한다.

❸ **긴급성 강조**: "오늘까지만 제공하는 할인입니다"와 같은 말로 긴급성을 부여한다.

❹ **고객 혜택 재강조**: "이 제품을 선택하시면 A와 같은 이점이 있습니다"와 같은 말로 혜택을 한 번 더 강조한다.

❺ **직접적인 요청**: "그럼 지금 계약 진행해도 괜찮으신가요?"와 같은 직접적인 말로 확실하게 질문한다.

❻ **확신의 태도 유지**: 자신감 있는 태도로 제품 가치를 강조한다.

❼ **마지막 의구심 확인**: "혹시 망설이시는 부분이 있으신가요?"라고 질문하며 장애 요소를 파악한다.

❽ **피드백 유도**: "어떤 부분이 더 궁금하신가요?"라고 질문하며 고객의 생각을 듣는다.

❾ **공감 후 설득**: "이해합니다, 그래서 A가 더 필요한 이유는요."

❿ **고객 성공 사례 공유**: "이전 고객님도 비슷한 상황이셨는데…"와 같은 말로 신뢰를 확보한다.

거절 극복 능력이 약한 경우

❶ **공감 후 재설명**: "그럴 수 있습니다. 그런데 이 부분은 이렇게 생각해보시면…"

❷ **반복 질문**: "구체적으로 어떤 점이 걱정되시나요?"와 같은 질문으로 거절 이유를 파악한다.

❸ **이유 긍정**: "가격이 높다고 느끼실 수 있습니다. 그만큼 품질력도 올라갔고요."

❹ **비슷한 사례 소개**: "다른 고객님도 처음에는 망설였지만…"

❺ **'맞지만' 기법**: "가격이 높긴 합니다. 하지만 장기적으로는 더 경제적입니다."

❻ **정보 보강**: 거절 이유에 맞는 추가 정보를 제공한다.

❼ **가치 재포장**: "가격보다는 가치에 집중해보세요."

❽ **차분한 태도 유지**: 감정적 대응을 피하고 침착하게 대응한다.

❾ **대안 제시**: "이 부분이 부담스럽다면 이런 옵션도 있습니다."

❿ **긍정적 해석**: "관심이 있으셔서 고민하시는 것 같네요"와 같은 말로 대화를 이어간다.

PART 7

세일즈 리허설의 가치

보이지 않는 감각을 깨운다

손에 물을 묻혀봐야 물 온도를 안다. 보기만 해서는 모른다. 세일즈 리허설을 하는 이유도 이와 같다. 직접 해보면서 현실을 직면하고 실전 감각을 터득할 수 있다. 머리로만 배워서는 할 수 없는 일이다.

- 이 순간 온전히 고객과 함께하고 있는가?
- 물 흐르듯 자연스럽게 대화를 이어가고 있는가?
- 자신의 내면에 빠지지 않고 고객 편에서 생각하고 있는가?
- 거절에도 굳어지지 않고 유연하게 새로운 가능성을 찾고 있는가?

자신을 제대로 살펴보고 바로잡지 않으면 실제 상황에서 필패하기 마련이다. 세일즈 리허설을 통해 위의 질문을 자신에게 던지는 '마음의 습관'을 들이자.

내면의 잡음을 치우고 고객에게 집중하기

영업 상담은 지금 앞에 있는 고객에게 온전히 집중하는 데서 시작한다. 하지만 머릿속에서는 끊임없이 잡음이 들린다.

'내가 제대로 하고 있나?', '이 말을 지금 해야 하나, 다음에 해야 하나?', '고객의 표정이 왜 이렇지? 내가 실수한 건가?' 이런 불안과 걱정은 고객과 나 사이에 보이지 않는 장벽을 만든다. 고객을 바라보고 있지만 제대로 보지 못하고, 고객의 말을 듣고 있지만 제대로 듣지 못하는 상태가 된다. 물이 가득 찬 컵에는 더 이상 물을 따를 수 없는 것처럼 실적과 계약에 대한 조바심으로 가득 찬 마음에는 상대의 이야기를 담을 여유가 없다. 진정한 경청은 자신을 비우는 데서 시작한다. 고객의 말속에 숨겨진 의미와 진짜 니즈를 듣는 능력은 상대를 얼마나 열린 마음으로 바라보느냐에 달려 있다.

세일즈 리허설로 자기 생각과 판단을 잠시 내려놓고, 오롯이 상대에게 초점을 맞추는 감각을 키우자. 고객이 자녀 교육 문제로 고민하고 있다면 그저 보험 상품을 제안하는 대신 자녀의 미래를 위한 다양한 가능성을 함께 탐색하는 대화를 나눌 수 있어야 한다. 보험은 그 탐색 과정의 하나일 뿐, 대화의 중심이 되어서는 안 된다.

이미 연결되어 있다는 믿음 키우기

현장이든 리허설이든 가장 중요한 태도는 자신과 고객이 연결되어 있다는 믿음이다. 만약 세일즈를 하면서 '고객은 나를 불신할 거야', '우리는 너무 다른 사람일 거야', '고객이 나를 경계할지도 몰라'라고 생각한다면, 모든 행동이 조심스럽고 위축될 수밖에 없다. 이런 태도로 고객을 대하면 대화는 어색해지고 거리감은 커질 수밖에 없다.

반면에 '우리는 이미 연결되어 있다'라는 믿음을 가진 사람은 처음 만나는 고객에게도 자연스럽게 다가간다. 마치 오래전부터 알고 지낸 사람처럼, 혹은 같은 공동체의 일원처럼 고객을 대한다. 실제로 우리는 모두 연결되어 있다. 다만 이를 자주 잊을 뿐이다.

코로나 시기를 떠올려보자. 바이러스는 눈에 보이지 않지만 한 사람이 감염되면 빠르게 전파되어 전 세계에 영향을 끼쳤다. '사회적 거리 두기'를 하면서 오히려 우리는 서로 알게 모르게 연결되어 있다는 사실을 실감했다. 나의 작은 행동이 다른 사람에게 영향을 미치고, 다른 사람의 선택이 내 삶에도 영향을 주었다.

비단 코로나 같은 위기 상황에 해당하는 이야기가 아니다. 우리는 같은 하늘 아래 같은 공기를 마시고 같은 고민을 하며 살아가는 존재들이다. 가족을 위해 애쓰고, 실수할지 두렵고, 칭찬을 들으면 기쁘고, 거절당하면 속상하다. 서로의 삶을 완전히 알지는 못해도 대부분 비슷한 고민과 기대를 안고 살아간다.

　이런 관점으로 바라보면 고객을 대하는 태도도 달라진다. 고객을 설득의 대상이 아닌 같은 길을 걷는 동반자로 인식하는 순간, 따뜻하고 진솔한 대화가 시작된다.

마음의 내구성 기르기

세일즈에서 거절은 피할 수 없는 현실이다. "죄송하지만, 관심 없습니다", "생각해보고 다시 연락드릴게요", "이미 다른 곳에서 계약했어요." 이런 말에 실망하거나 위축되지 않고 기회를 찾아야 한다는 것을 머리로는 알고 있다. 하지만 실제로 거절의 말을 들으면 그 순간 마음이 굳어버린다. 우리에게 '예측할 수 있는 흐름'을 유지하려는 욕구가 있기 때문이다.

　진정한 세일즈 리허설은 내면을 직면하고 그 안에 자리 잡은 고정관념과 기대를 발견하는 여정이다. 우리는 종종 '이렇게 해야 한다', '이런 반응이 나와야 정상이다', '내 예측이 맞을 것이다'와 같은 무형의 규칙들을 마음에 품고 상담에 임한다. 내비게이션이 알려준 경로와 다른 길로 들어섰을 때 당혹감을 느끼듯, 상담에서도 예상과 다른 상황이 펼쳐지면 불안해진다. 권투 선수가 아무리 전략을 세워도, 한 방 맞는 순간 모든 계획이 무너지는 것과 같다. 중요한 것은 맞지 않는 것이 아니라 맞고도 버틸 수 있는 맷집이다.

영업은 살아있는 대화이며, 인간의 감정과 상황은 결코 공식대로 움직이지 않는다. 거절당해도 "혹시 어떤 부분이 더 필요하신가요?"라고 가능성을 열어두고, "제가 도울 방법이 있을까요?"라며 대화를 이어갈 수 있어야 한다. 이런 감각은 책이나 강의로 배울 수 없다. 반복적인 리허설을 통해 몸으로 익히는 것이다. 세일즈 리허설은 진정으로 유연한 마음을 갖게 하는 '면역주사'다.

복잡성을 견디는 힘 기르기

영업은 정답이 없는 질문과 마주하는 과정이다. '지능'이 정답이 있는 문제를 빠르게 푸는 능력이라면, '지성'은 자신만의 답을 끈기 있게 찾아가는 힘이다. 영업은 계획한 논리로 고객을 설득하는 일이라기보다는 복잡한 감정과 상황에 유연하게 대응하는 일이기 때문에 지성을 발휘해야 한다. 열 길 물속은 알아도 한 길 사람 속은 모른다. 모호함을 견디고 불확실성을 감내하는 일이 영업이다.

고객이 구매 결정을 미루거나 애매한 반응을 보일 때, 분명히 오늘은 사인을 할 줄 알았는데 다른 반응을 보일 때, 영업 사원은 복잡한

미로에서 길을 잃은 듯한 마음이 들 것이다. 그러나 영업은 탐험이다. 지름길을 찾으려는 조급함을 버리고 길을 헤매는 과정까지도 열린 마음으로 받아들이자.

놀이처럼 즐기기

인생을 바라보는 관점은 사람마다 다르다. 어떤 사람은 인생을 전쟁터로 여기고 매 순간 치열하게 싸우며 살아간다. 또 어떤 사람은 인생을 학교로 여기고 모든 경험을 배움의 과정으로 받아들인다. 누군가는 인생을 놀이동산이나 게임처럼 생각하며 실패도 도전도 가볍게 즐긴다.

영업도 마찬가지다. 어떤 사람은 영업을 반드시 성공해야 하는 전투라 생각하고, 실적 압박에 긴장하며 임한다. 즐거워서 하는 게 아니라 생계 때문에 어쩔 수 없이 하는 일이고, 고객을 만나고 싶어 방문하는 게 아니라 이번 달 실적이 부족해 억지로 만난다고 생각한다. 하지만 그렇게 여기는 순간 그것이 사실이 되고, 좋은 결과로 이어지기 어렵다. 반면에 어떤 사람은 영업을 고객에게 새로운 기회를 주면서 자신을 성장시키는 시간으로 여긴다. 당신은 어떤가? 어떤 자세로 영업을 대하느냐는 당신이 선택할 수 있다.

힘이 바짝 들어 있거나 실수하지 않으려 몸을 잔뜩 움츠리면 진짜 실력을 발휘하지 못한다. 실패하면 안 된다는 두려움이 클수록 자연스러움을 잃는다.

- 이 말을 하면 고객이 어떻게 반응할까?
- 이렇게 접근하면 어떤 대화가 펼쳐질까?
- 이번 대화에는 어떤 흥미로운 지점이 있을까?

영업을 하나의 실험이자 탐색, 표현의 과정으로 바라볼 때 긴장과 부담은 자연스레 줄어든다. 모든 고객이 계약을 맺는 것도, 모든 대화가 완벽하게 마무리되는 것도 아니다. 그래도 괜찮다. 중요한 건 그 과정을 통해 우리가 조금 더 단단해지고, 타인을 더 깊이 이해하는 존재가 되어간다는 점이다.

chapter 02

기술을 넘어 태도를 만든다

고객의 입장을 체험하는 기회

"최악의 무지는 지식의 가면을 쓴 무지"라는 말이 있다. 고객에 대해 알고 있다고 생각하는 순간 알려는 노력을 멈춘다. 영업은 추상적 존재가 아니라 한 명의 인간을 상대하는 일이다. 날씨가 바람과 습도 등 주변과 상호작용을 거치며 계속 달라지는 것처럼, 고객의 마음도 상대의 반응에 영향을 받으며 변화한다. 이러한 변동성과 불확실성을 고객의 관점에서 체험해봐야 한다.

세일즈 리허설은 고객의 시각으로 상황을 바라보게 만든다. 고객 역할을 맡아보면 고객이 무엇을 원하는지, 어떤 부분에서 신뢰를 느끼는지를 몸소 체험할 수 있다.

심리학에도 '입장 바꿔보기 효과'라는 개념이 있다. 우리가 다른 사람의 입장이 되어보면, 단순한 논리적 이해가 아니라 감정을 공감할 수 있게 된다. 머리로 상상하는 것이 2D라면, 세일즈 리허설은 3D다. 연습을 통해 머릿속 구상이 실제 대화와 얼마나 다른지 알게 되고, 실전에 필요한 디테일을 채울 수 있다.

마음 놓고 실패할 기회

재능을 지배하는 세 가지 법칙을 제시한 책 《탤런트 코드》에서는 축구 기량을 높이는 데 풋살이 끼친 영향을 밝혔다. 브라질의 축구 실력이 높은 이유를 추적 조사해보니 브라질 어린이들이 어렸을 때부터 주 3회 이상 풋살을 한다는 사실을 알게 된 것이다. 풋살은 축구의 핵심 기술을 압축한 '축구의 미니어처'다. 축구장의 9분의 1 정도 되는 작은 경기장에서 축구공보다 작고 무거운 풋살공으로 11명이 아니라 5명이 하는 경기다. 풋살은 선수의 발과 공이 접촉하는 횟수가 축구보다 분당 여섯 배 더 많다. 좁은 경기장에서 수비와 공격을 빠르게 진행하려니 적절한 각도와 공간을 더 자주 더 많이 찾아야 하는 것은 물론이고, 훨씬 더 정교한 패스가 필요하다. 어릴 때부터 풋살 경기를 하며 실수하고, 실수를 교정하면서 심층 연습을 한 덕분에 브라질 선수들의 축구 기량이 세계적이라는 연구였다.

영업은 어렵고 대부분의 고객은 "아니오"라고 한다. 거절당하는 데 익숙해져야 하고, 생각의 마찰에 적응해야 하며, 대화를 가볍게 진행해야 할 때를 파악해야 한다. 다양한 고객과의 스트레스를 예상하고 긴장을 어떻게 처리할지 구상해야 한다.

실전에서는 작은 실수도 치명적이다. 고객의 반응을 예상하지 못하고 제대로 대응하지 못하면, 신뢰를 잃고 계약이 무산될 수도 있다. 하지만 연습에서는 얼마든지 실수해도 된다. 세일즈 리허설은 실패를 안전하게 경험하는 훈련장이다.

두려움을 없애는 가장 좋은 방법은 '그 상황을 미리 경험해보는 것'이다. '콜드 콜'부터 '친숙 단계', '거래 성사'에 이르기까지 영업에는 다양한 접점이 있다. 단계별로 어떤 거절과 돌발이 일어날 수 있으며 그때 자신이 어떤 반응을 보이는지 성찰해야 한다. 이유를 모르는 성공보다 이유가 분명한 실패가 훨씬 도움이 된다. 안전하게 실패를 경험하고, 그 실패로부터 배우면 된다. 고객의 단호한 거절에 얼마나 더 밀어부칠지를 구상하고, 예상치 못한 반응을 끝까지 들어주는 끈기를 연습해둬야 한다. 그래야 실전에서 돌발 상황이 일어나더라도 '올 것이 왔구나' 하며 유연하게 대처할 수 있다.

다양한 변수에 대한 대응력 강화

세일즈 현장은 당황의 연속이다. 고객의 질문이 예상과 다를 수도 있고, 반응이 냉담할 수도 있으며, 돌발적인 거절을 받을 수도 있다. 이러한 상황에서 당황하지 않고 자연스럽게 대처하려면 대응 방법이 몸에 배어 있어야 한다. 책을 읽거나 강의를 들으면서 '이렇게 말하면 되겠구나'라고 생각하는 것과, 실제로 입으로 말해보는 것은 완전히 다른 경험이다. 머릿속에서는 간단해 보였던 설명도 막상 입으로 옮기려 하면 어색한 경우가 많다.

세일즈 리허설은 상품 지식이나 스크립트를 암기하는 것이 아니라 상황과 대화 속에서 정보를 출력하게 한다. 예를 들어 단순히 "이 상품은 방수 기능이 있습니다"라고 암기하지 않고, 고객이 "비 오는 날 써도 괜찮나요?"라고 묻는 상황에 답변을 상정해보면 질문상황과 답변정보이 갈고리처럼 연결된다. 이 연결고리가 많을수록 기억은 더 강력해진다.

1시간짜리 강의를 듣는 것보다 해당 상품의 세일즈 리허설을 10분 하는 편이 기억에 훨씬 더 오래 남는다. 타인과 감정을 교류하는 과정에서 스스로 긴장하며 몰입했기 때문이다. 감정적인 경험을 수반하는 세일즈 리허설은 기억력과 순발력을 강화한다.

개선점의 발견과 성장

UCLA캘리포니아 대학교 로스앤젤레스에서 진행한 실험이 있다. 두 그룹의 실험 참여자들에게 같은 고민거리를 주고 일주일 동안 훈련한 후, 문제 해결 능력과 스트레스 적응력을 평가한 것이다. 한 그룹은 '사건 시뮬레이션 그룹'으로 '문제 상황을 세부적으로 분석하며 자신의 말과 행동을 구체적으로 떠올리는 연습'을 했다. 다른 한 그룹은 '결과 시뮬레이션 그룹'으로 '문제 해결 후의 긍정적인 감정을 상상하는 연습'을 했다. 일주일 후 두 그룹의 문제 해결 능력을 평가한 결과, 사건 시뮬레이션 그룹이 문제를 더 효과적으로 해결하고 실전에서 더 유연하게 대처하는 경향을 보였다.

흔히 심리학에서는 "성공한 자신의 모습을 상상하라"라는 긍정적인 자기 암시를 추천한다. 그러나 UCLA 연구는 오히려 "문제의 발단을 차근차근 되새기며 어떻게 이런 상황에 이르렀는지 분석하는 편이 더 유익하다"라는 결과를 내놓았다. 이는 세일즈 리허설의 효과와 일맥상통한다.

성과가 나오지 않는 영업 사원들은 세일즈 리허설을 종종 회피하며 고객이나 외부 환경을 탓한다. 그러나 이들은 실제 대화에서 무슨 말이 오갔는지, 구체적으로 어떤 논리로 고객이 거절했는지를 객관적으로 분석하는 데 소홀했다. 세일즈 리허설은 바로 그 지점을 짚어내는 과정이다.

고객과의 대화 상황을 재현하며 이런 말에는 이렇게 대응해야 한다는 구체적이고 현실적인 개선점을 도출해낸다. 사실을 바탕으로 분석하고 개선할 점을 찾는다. 관성에 젖은 자신을 발견해 적극 개입한다. 그래야 확장과 성장이 있다.

악순환을 선순환으로 전환

《재능은 어떻게 단련되는가?》의 저자 제프 콜빈Geoff colvin은 분야에 상관없이 '신중하게 계획된 연습Deliberate Practice'으로 1만 시간을 채워야 최고 수준에 도달할 수 있다고 강조한다. 그냥 1만 시간을 보내는 게 아니라 신중하게 계획된 연습이 핵심이다. 오십 평생 팔자걸음이 굳어진 사람이 있는가 하면, 딱 3개월 모델 학원에 다녔을 뿐인데 패션모델 같은 워킹을 보여주는 사람도 있다. 무엇이 문제인지 모른 채 그냥 열심히 하면 악습이 몸에 밴다. 문제를 모르니 고칠 수도 없다.

요리할 때 간을 보는 것처럼 영업 전체를 다 보지 않고 세일즈 리허설만 봐도 무엇을 더하고 빼야 할지 가늠할 수 있다. 세일즈 리허설을 통해 자신의 문제를 분석하고 의식적으로 연습하면 악습만 굳어지는 악순환이 멈추고 선순환으로 돌아선다.

내재적 요인에서 찾기

탁월한 성과를 내던 사람이 실패하는 이유는 실력 부족 때문이 아니다. 그들이 무너지는 진짜 이유는 원인을 외부에서 찾기 때문이다. 고객이 이상하고 제품력이 떨어지며 회사 제도가 부실해서 영업이 안 된다고 생각하는 한, 자신의 기량에 관심을 기울이기 어렵다. 자신의 실력과 성취에 대한 지나친 자부심은 겸손을 잃게 만들고, 결국 배우려는 자세를 약화한다.

세일즈 리허설은 외재적 관점External Perspective을 내재적 관점Internal Perspective으로 바꾼다. '저게 저렇구나'가 아니라 '내가 이렇게 보는구나'라는 관점을 견지하고, 세일즈 리허설로 자신의 기량에 집중할 때 통제력을 회복할 수 있다. 밖에서 원인을 찾으면 밖에 의존하게 되지만 안에서 원인을 찾으면 자신이 주도권을 쥐고 할 수 있는 게 보인다.

농부는 열매가 부실하다고 자연을 탓하지 않는다. 그 대신 토양을 가꾸고 비료를 주고 벌레를 잡는다. 영업도 결과를 불평할 시간에 결과를 위한 조건을 만들어야 한다. 세일즈 리허설을 통해 어떠한 까다로운 상황에서도 노련해질 수 있다.

자기 인식과 감정 조절 능력 향상

세일즈 리허설은 뇌를 위한 시뮬레이션이다. 레몬을 상상했을 뿐인데 입에 침이 고이는 것처럼, 세일즈 리허설을 통해 뇌를 깨울 수 있다.

알고 있던 지식을 실전과 같은 상황에서 경험할수록 자신감이 쌓인다. 자신감은 상대를 보는 시각을 바꾼다. 앞에 놓인 거절과 그 거절을 감당할 자기 역량을 보는 방식도 달라진다. 그래서 자신감이 생기면 강인해진다. 웬만한 거절에도 휘둘리지 않고 유연하게 고객을 리드할 수 있다. 자신의 감정과 행동 패턴을 잘 인식하는 사람이 감정 조절 능력도 높은 이유다.

반대로 자신이 부족하다는 의심이 들면 고객이 무심코 보이는 작은 단서에도 휘둘린다. 고객이 눈을 안 맞췄을 뿐인데 무의식적으로 '구매할 마음이 없나보다', '귀찮나보다', '바쁜가 보다'라는 이유가 떠오른다. 우리 뇌는 자동 반사적으로 그 예감을 낚아챈다.

팀원 간의 결속력 향상

오늘날에는 AI가 모의 면접을 진행하고, 심지어 세일즈 리허설 연습을 대신해주는 AI 기술도 등장했다. 기술은 학습과 훈련의 방식을 근본적으로 변화시켰고, 언제 어디서나 모의 상황에 빠르게 적응할 수 있는 환경을 제공한다. AI와의 세일즈 리허설 연습은 이론적 지식과 기술적 능력을 단련하는 데 큰 도움을 준다. 그러나 우리 내면 깊숙이 자리한 자부심, 감정의 울림, 잊고 있던 가능성을 발견하는 순간들은 오로지 사람과의 만남에서 피어난다. 동료와의 대화에서 그들이 건네는 눈빛이나 미묘한 몸짓이 주는 진심 어린 피드백은 기계가 결코 흉내 낼 수 없다.

세일즈 리허설은 동료의 리허설을 보며 그들의 강점을 배우고 자신을 되돌아보는 시간이다. 동료의 세일즈 리허설에서 고객의 마음을 포착하고 개선할 점을 발견해 자신의 스타일에 응용할 수 있다. 다양한 배경과 경험을 가진 동료들이 각기 다른 방식으로 문제에 접근해 독특한 해결책을 제시하는 모습을 보며 창의성이 촉발될 수 있으며, 실수하는 모습에서도 배울 점이 있다.

미국 시카고 대학교의 심리학자인 스키너Burrhus Frederic Skinner와 그의 연구팀은 농구 슈팅 연습이 선수의 기량에 미치는 영향을 실험으로 분석했다. 연구진은 참여자들을 세 그룹으로 나누고 각각 다른 방식으로 일주일간 연습을 진행하도록 했다.

첫 번째 그룹은 '실전 연습 그룹'으로 이들은 농구 코트에서 실제로 슛을 던지는 훈련을 반복했다. 두 번째 그룹은 '관찰 연습 그룹'으로 직접 공을 던지지는 않지만, 코트에서 다른 선수들의 슛을 유심히 관찰하며 정신적으로 시뮬레이션하는 연습을 했다. 마지막으로 '통제 그룹'은 어떤 연습도 하지 않고 일주일을 보냈다.

일주일 후 연구진은 세 그룹의 슈팅 성공률을 측정했다. 예상대로 실전 연습 그룹의 슈팅 정확도가 가장 크게 향상되었다. 하지만 주목할 점은 코트에서 직접 연습하지 않았던 관찰 연습 그룹도 슈팅 능력이 향상되었다는 것이다. 비록 실전 연습 그룹만큼 극적인 성장은 아니었지만, 아무런 연습도 하지 않은 통제 그룹에 비해서는 확연한 차이를 보였다. 이 실험은 동료들의 리허설을 간접 체험하는 경험의 가치를 보여준다.

건강한 조직 문화 정착

사람들은 조직에서 리더가 다른 사람을 대하는 모습을 보며, 언젠가 자신에게도 같은 모습을 보일 거라 예상한다. 특히 저성과자에게 어떻게 대하는지는 그 조직이 사람을 대하는 기본적인 태도를 분명하게 보여주는 지표다.

만약 조직이 저성과자를 무관심하게 방치하거나 실적이 낮다는 이유로 가혹하게 대한다면 팀원들은 '나도 언젠가 실적이 부진해지면 저런 취급을 받겠구나'라고 생각하며 불안감을 느낄 수밖에 없다. 이런 환경에서는 실적을 내기 위해 무리수를 두거나, 실패가 두려워 도전을 꺼리는 분위기가 형성된다. 반대로 조직이 저성과자에게도 시간과 관심을 들여 성장 기회를 제공하고 문제를 함께 해결하려는 노력을 보인다면, 팀원들은 '이 조직은 숫자로만 사람을 평가하지 않는다'는 안정감을 느낄 것이다.

세일즈 리허설은 이러한 조직의 태도를 실제로 보여줄 수 있는 강력한 도구다. 건강한 세일즈 조직을 원한다면 실적을 넘어 과정의 질을 탐구하고 개선하는 조직 문화가 우선이다. 사람들은 말보다 행동에서 더 큰 메시지를 받는다. 고객이 중요하다고 외치면서도 정작 매일 실적만 점검하고, 편법으로 숫자를 올리는 직원에게 보상이 돌아간다면 그 조직의 문화는 이미 바닥이 드러난 것이나 다름없다. '결과보다 과정이 중요하다'는 가치가 진짜인지 가짜인지는 구성원들이 가장 먼저 알아차린다.

저성과자에게 투자하는 것은 단지 팀원 한 명을 성장시키는 일이 아니다. 조직이 구성원을 대하는 방식과 이 조직에서 '사람'이 얼마나 중요한지를 보여주는 일이다. 사람들은 숫자로만 평가받는 곳에 오래 머물고 싶어 하지 않는다. 성과를 떠나 배우고 성장할 기회가 주어지는 조직은 구성원에게 안정감을 주고, 그 안정감이 곧 조직의 지속적인 성과로 이어진다.

리허설 루틴이 조직을 바꾼다

우리는 살면서 계획한 대로 일이 흘러가지 않는다는 사실을 수도 없이 경험한다. 연습에서 대본을 완벽하게 맞춰봤어도 현장에서는 엉뚱한 방향으로 흘러가거나 더욱 힘든 상황을 맞이할 수 있다. 아무리 철저하게 준비해도 현장에서 계약이 불발되거나 고객이 예상과 전혀 다른 반응을 보이기도 한다.

하지만 중요한 사실은 리허설을 하지 않았다면 상황이 더 나빠졌을 수도 있다는 점이다. 선지자의 딜레마처럼 어떤 문제를 예측하고 대비했기 때문에 그 예측이 빗나가는 아이러니가 발생하는 것이다. 리허설이 예측한 결과를 만들어내지 못했다기보다, 리허설 덕분에 그나마 더 나은 결과로 마무리된 것일 수 있다.

세일즈 리허설은 성공 보증서가 아니라 마주할 수 있는 문제를 조금이라도 덜 고통스럽게 만드는 과정이다. 세일즈 세계에서는 행동은 빠르게, 결과에 대한 인내는 길게 가져가야 한다. 매일 고객을 만나고 상담하는 일은 즉각적인 반응을 기대하는 일이다. 그러나 세일즈 리허설은 장기적인 관점에서 천천히 넓은 시야를 키우는 과정이다. 하루아침에 변화가 느껴지지 않더라도 꾸준한 반복과 연습 속에서 예상치 못한 깨달음이 찾아온다. 의도적인 기다림 속에서 숨어 있는 기회를 찾는 것이다.

우리는 결과를 통제할 수 없다. 계약을 할지 안 할지는 고객의 선택이다. 우리는 그 선택이 긍정적으로 흘러가도록 조건을 만들 뿐이다. 좋은 흙을 고르고 볕이 잘 들게 하고 물을 제때 주면 씨앗이 잘 자랄 가능성이 커지는 것처럼, 고객과 신뢰를 쌓고 그들의 고뇌를 깊이 이해하고 진짜 해결책을 제시하는 연습을 하면 계약 성사 가능성이 높아질 것이다.

세일즈 리허설의 목적은 단순한 실전 대비가 아니다. 우리가 놓치고 있던 대화의 흐름을 발견하고 고객의 반응을 예측하며 자신이 어떻게 보이는지를 객관적으로 바라보는 과정이다. 결국 리허설은 결과를 강요하는 과정이 아니라, 결과가 나올 수밖에 없는 환경을 조성하는 과정이다.

아리스토텔레스는 "우리는 우리가 반복해서 하는 것이 된다. 그러므로 탁월함은 하나의 행동이 아니라 습관이다"라고 말했다. 처음에는 우리가 습관을 만들지만 나중에는 습관이 우리를 만든다.

세일즈 리허설의 의미는 관성에 젖어 반복하는 습관을 의식적으로 바꾸는 데 있다. 우리는 익숙한 방식으로 대처하려는 본능을 갖고 있다. 상담 중에는 '터널 시야'가 형성되어 큰 그림을 보지 못하고, 가장 익숙한 대처 방식으로 반응하려는 본능이 튀어나온다. 세일즈 리허설에서는 새로운 방식과 낯선 방법을 시도해볼 수 있다. 중요한 변화는 거대한 계획보다 작은 습관 하나를 바꾸는 것에서 시작한다. 어떤 행동이 익숙해지려면 습관이 되어야 한다. 운동을 시작하면 처음에는 가기 싫고, 몸이 무겁고, 어색하지만 꾸준히 하면 몸이 자연스럽게 움직인다. 세일즈 리허설도 다르지 않다. 처음에는 어색하고, 말이 꼬이고, 실수도 잦지만 반복하다 보면 어느 순간 몸이 먼저 반응한다.

자연스럽게 반응하는 능력을 만들려면 고민할 필요 없이 자동으로 실행되는 '루틴'이 필요하다. 많은 사람이 '오늘 리허설을 할까 말까?' 고민하다가 결국 안 한다. 결정해야 하는 순간이 오면 그냥 익숙한 것을 선택하는 것이다. 리허설을 습관으로 만들려면 애초에 '해야 하나?'라는 고민이 필요 없는 환경을 조성해야 한다. 리허설을 특별한 이벤트가 아니라 일상적인 일로 만들어야 한다. 양치를 고민하며 하지 않는다. 안 하면 찝찝해서 자연스럽게 한다. 세일즈 리허설이 정해진 시간과 장소에서 진행하는 일과라면 부담이 없다. 그렇게 습관이 되면 세일즈 리허설은 더 이상 '해야 하는 일'이 아니라 '당연한 일'이 된다.

- 정해진 시간과 장소에서 정기적으로 진행한다.(예_매주 수요일 오전 10시)
- 팀 단위로 기록을 남기고 개선 과정을 추적한다.
- 개인 연습이 아닌 협업이 되게 한다.

세일즈 리허설은 개인의 성장뿐만 아니라 조직의 경쟁력을 높이는 핵심 도구가 될 수 있다. 하지만 아무리 좋은 시스템도 조직 문화로 자리 잡지 않으면 지속되기 어렵다. 세일즈 리허설 문화는 하루아침에 만들어지지 않는다. 리허설을 조직의 문화로 정착시키는 것은 리더에게 달려 있다. 리더가 할 일은 단순히 리허설을 하라고 지시하는 것이 아니다. 리더 스스로 리허설의 중요성을 인식하고, 적극적으로 참여하며 피드백을 주고받는 문화를 조성해야 한다.

리더가 먼저 실천한다

사람들은 말이 아니라 행동을 따른다. 리더가 직접 리허설을 하고 자신의 상담을 팀원들 앞에서 열어 보이며 피드백을 구한다면 팀원들도 기꺼이 참여하게 된다. 반대로 리더가 "리허설 중요해"라고 말만 하고 본인은 하지 않는다면 아무도 리허설을 습관화하지 않을 것이다. 팀원들은 '리더도 실수를 인정하는구나!' '이런 피드백이 나를 더 성장시킬 수 있겠다'라는 신뢰가 생겼을 때 적극적으로 참여한다.

리허설을 평가가 아니라 성장의 기회로 만들어야 한다. 많은 영업 조직에서 리허설에 부담을 갖는 이유는 그것이 '테스트'처럼 느껴지기 때문이다. 리허설은 연습이어야 한다. 누구나 실수할 수 있고 부족한 점이 있지만 문제를 수정할 수 있도록 돕는 것이 리허설의 역할이다. 리더는 팀원들의 실수를 허용하고 그것을 성장의 기회로 연결하는 태도를 보여야 한다. "잘못했네"가 아니라 "그 부분을 이렇게 바꿔보면 어때?"라고 코칭해야 한다.

팀원들에게 리허설의 의미를 알린다

사람들은 강요한다고 움직이지 않는다. 세일즈 리허설이 단순한 연습이 아니라 자신에게 도움이 된다는 것을 알게 되면 자발적으로 참여한다. 사람들은 다양한 방식으로 동기를 얻는다. 어떤 사람은 자신감이 필요하고, 어떤 사람은 팀에 도움이 되길 원하며, 어떤 사람은 배우는 과정 자체를 즐긴다. 리더는 팀원 개개인이 무엇에 동기부여되는지를 파악하고 그에 맞는 의미를 부여해야 한다.

"이걸 연습하면 실적이 올라갈 거야"라는 직접적인 동기보다는 "이 리허설을 하면 상담 때 훨씬 여유가 생길 거야", "이걸 하면서 네가 영업에서 중요하게 여기는 가치를 찾을 수 있을 거야" 같은 접근이 더 효과적이다.

공식적인 시스템으로 만든다

리허설을 문화로 만들려면 실행 여부를 개인의 의지에 맡기기보다 조직의 일정에 공식적으로 추가해야 한다. 매주 정해진 요일과 시간에 팀 리허설을 진행해 그 기록을 남기고 발전 과정을 공유하며 서로 피드백을 주고받는 문화를 형성하면 리허설은 더 이상 특별한 일이 아니라 팀의 일상이 된다.

이를 위해서는 리더의 일관된 태도와 관심이 필요하다. 몇 번 해보다 말면 안 된다. 지속적인 참여를 끌어내려면 다음과 같은 가치를 제공해야 한다.

- **자신감**: 나는 점점 더 나아지고 있다.
- **공헌감**: 내가 팀원들에게 도움을 주고 있다.
- **지적 만족감**: 생각이 정리되면서 스스로 깨닫고 있다.
- **사회적 연결**: 동료들과 함께하는 과정이 즐겁다.

중국에는 "나무를 심기에 가장 좋은 때는 20년 전이었고, 두 번째로 좋은 때는 바로 지금이다"라는 속담이 있다. 우리는 종종 '더 일찍 시작했더라면 어땠을까?' 하는 후회를 한다. 하지만 시작하기에 가장 좋은 시점은 바로 지금이다.